Autor

Satyam S. Kathrein, Therapeut und Lehrer im Gesundheitszentrum in München, ist bekannt aus vielen Fernsehsendungen und Zeitungsartikeln zum Thema Gesundheit. Er hält Vorträge und Seminare in ganz Deutschland und verfügt über eine jahrzehntelange Erfahrung in den Bereichen Therapie, Energiearbeit und Meditation. Daraus entwickelte er einen neuen revolutionären Ansatz, die Spirituelle Therapie. Sein Hauptaugenmerk liegt auf der Erlösung der Lebensthemen seiner Klienten, Heilung von innen, Problembewältigung und Familientherapie. Er ist 1. Vorstand der Reiki Foundation e.V., einem Verein, dessen Ziel es ist, die Reiki-Methode in Krankenhäuser und Kliniken zu bringen.

Von Satyam S. Kathrein sind in unserem Hause erschienen:
Erlösung der Lebensthemen
Leben wie ein Buddha (Allegria)
Reiki-Therapie

Satyam S. Kathrein

Reiki-Therapie

Ullstein

Besuchen Sie uns im Internet:
www.ullstein-taschenbuch.de

Ullstein Esoterik
Herausgegeben von Michael Görden

Umwelthinweis:
Dieses Buch wurde auf chlor- und säurefreiem Papier gedruckt.

Überarbeitete Neuausgabe des im Mosaik Verlag
erschienenen Titels »Reiki«
im Ullstein Taschenbuch
1. Auflage Februar 2006

Umschlaggestaltung: FranklDesign, München
Titelabbildung: Shivananda Ackermann
Gesetzt aus der Offiziana Sans bei LVD GmbH, Berlin
Druck und Bindearbeiten: Ebner & Spiegel, Ulm
Printed in Germany
ISBN-13: 978-3-548-74293-9
ISBN-10: 3-548-74293-9

Inhalt

Vorwort

Was ist Reiki-Therapie?

Reiki-Therapie ist mehr als Wellness pur. Viel mehr als energetische Massage, sie ist die Kraft der Vitalität, die Genesung angeschlagener Chakren, körperliches Wohlbefinden und die Einsicht in die Transformation der Chakra-Themen, der Glücksstrahl in eine goldene Zukunft. Kurzum eine wunderbare Heilmethode für ein gesundes und wahres Selbst.
Das Universum, Rei, steckt voller Lebenskraft, dem Ki oder Chi, und dieses bündelt der Rei-Ki-Therapeut mit seinen bloßen Händen, speist diese reine Energie in das Chakren-System des Klienten. Dort wirbelt das Chi in die sieben Chakra-Tore und wandelt jegliche negativen Elemente in positive Strahlung.
Die unendliche Fülle des Rei-Ki verblüfft sogar hartgesottene Kritiker, lässt sie erfüllt und genährt mit einem freudig schwingenden Inneren und einem feinen Lächeln im Gesicht zurück, in stiller Einkehr versunken. Ein optimaler Energieraum, in dem Heilung einfach passiert.
Reiki ist eine über zweitausend Jahre alte fernöstliche Heilmethode. Ihr Prinzip ist das Handauflegen, bei dem aus den Händen des Reiki-Gebenden universale Energie in den Körper des Nehmenden fließt und dort ihre heilende Wirkung auf Körper, Geist und Seele entfaltet. Die heutige Form und Technik des Reiki verdanken wir dem japanischen Gelehrten Dr. Mikao Usui, der die Methode Mitte des vergangenen Jahrhunderts wieder entdeckte. Seitdem wird Reiki weltweit praktiziert. Nach Deutschland kam die Methode in den 80er-Jahren über die USA.

In einer Zeit, in der das Interesse an ganzheitlichen Heilmethoden zunimmt und immer mehr Menschen Linderung gesundheitlicher Störungen und Harmonisierung ihres Lebens suchen, findet Reiki immer stärkeren Zuspruch. Die Liste der Beschwerden, die mit dieser Methode angegangen werden können, ist groß und umfasst seelische und körperliche Gesundheitsstörungen von Abszess, depressiver Verstimmung, Halsbeschwerden und hohem Blutdruck über Kopfschmerzen, Magenbeschwerden, Muskelverspannung und Nervosität bis rheumatische Beschwerden, Rückenschmerzen, Schlafstörungen und Verdauungsprobleme. Den größten Zuspruch findet Reiki aber auf dem großen Gebiet der Befindlichkeitsstörungen. Vor allem gestresste, überforderte, frustrierte Menschen, denen Stress und Zeitnot körperlich zu schaffen machen, finden durch Reiki Entspannung, Linderung von Verspannungsschmerzen, tiefe Gelassenheit und Abstand vom Alltag. Auch seelische Krisen können mithilfe dieser Methode besser gemeistert werden.

Warum Reiki auf allen Ebenen heilen kann, erklärt sich durch das Wirkprinzip: Die Energie, die dem Körper des Reiki-Nehmenden zugeführt wird, harmonisiert den Energiefluss im Körper. Sie führt Energie an Stellen zu, wo sie fehlt, und löst Blockaden an Stellen, wo sie sich staut.

Es hat sich schon oft gezeigt, dass Amerika mit neuen Dingen bei uns Furore macht. So auch bei der Energie-Medizin. Darunter werden Verfahren zusammengefasst, die Energiefelder zur Diagnose und Therapie einsetzen. Einige physikalische Felder wie z.um Beispiel. Licht- und Schallwellen oder magnetische Felder sind schon bekannt. Andere Felder spielen eine Rolle, die noch weitgehend unbekannt und wissenschaftlich nur schwierig nachweisbar ist. Dazu gehören das Ki aus dem tibetischen Reiki, das indische Prana, das chinesische Chi oder auch das von Wilhelm Reich entdeckte Orgon. Man spricht auch von der universellen Lebensenergie.

Berufsmäßig wird Reiki von niedergelassenen Reiki-Meistern ausgeübt, doch auch für Laien ist Reiki eine einfach zu erlernende Methode. In einem Wochenendkurs kann man sich die wichtigsten Grundbegriffe aneignen und ist bereits danach in der Lage, Reiki für sich selbst und andere anzuwenden. Dieses Buch gibt eine erste praktische Einführung in die Grundlagen und Anliegen von Reiki zur Heilung von Körper, Geist und Seele mit vielen Gesundheitstipps und präzisen Erklärungen zur Selbst- und Partnerbehandlung.

Reiki-Therapie gilt heute als erfolgreiche Energie-Medizin – entwickelt in den Klöstern Tibets

Die Reiki-Therapie erfreut sich heutzutage einer immer größeren Beliebtheit hier im Westen. Doch ursprünglich legte bereits die tibetische Medizin vor vielen Dekaden den Grundstein zur Energie-Medizin. Sagenhafte Geschichten zeugen von den wunderbaren Heilerfolgen des tibetischen Medizin-Rades im höchsten Land der Erde, Tibet.
Der wohl bekannteste Patient, der XIV. Dalai Lama gründete nach seiner Reise ins Exil 1961 in Nordindien in Dharamsala eine Medizinschule mit dem klingenden Namen Men-Tsee-Khang, deren guter Ruf bis heute um die Welt eilt. In einem fünfjährigen Studium lernen die Studenten dort das große Wissen der tibetischen Medizin. Damit konnte die tibetische Medizin nach der Besetzung Tibets durch China und der Zerstörung eines großen Teils der Klöster, gerettet werden.
Heiltherapien haben immer eine interessante Entstehungsgeschichte, so auch die Reiki-Therapie. Sie nahm als Energie-Medizin im tibetischen Medizin-Rad seit ihrer Gründung eine Sonderstellung ein, da sie hauptsächlich von Laienärzten und nicht von den Medizin-Lamas, den tibetischen Doktoren, angewandt wurde.

Energie-Medizin – entstanden als Teil des tibetischen Medizin-Rades

Das tibetische Medizin-Rad besteht aus verschiedenen Formen der Diagnostik wie die Pulsdiagnose, der Heilkraft aus der Natur und Kräutermedizin in Form von Tees und Pillen, äußeren Heilmethoden wie die tibetische Akupunktur, Moxibustion oder Schröpfen, den spirituellen Heilweisen wie Gebete, Mantras, Meditation oder die Visualisation des Medizinbuddhas und der Energie-Medizin wie das Handauflegen und die Chakra-Heilung.
Die Energie-Medizin wird auch tantrische Medizin genannt und vor allem im Kalachakra Tantra erwähnt. In die Medizinliteratur fand sie keinen Einlass, weil sie gerade für die Ausbildung der tibetischen Laienärzte eine große Bedeutung hatte. Die Medizinliteratur war dagegen ausschließlich den Studien der Medizin-Lamas vorbehalten.
Da die Ausbildungszeit im Medizin-Rad auf fünf Jahre festgelegt war, suchten die Medizin-Lamas nach einer Gelegenheit in kurzfristigeren Workshops so genannte Laienärzte auszubilden, die in knappen Aufenthalten in den Klöstern mit der Energie-Medizin vertraut gemacht wurden.

Heilung und Stärkung

Der Urgedanke der buddhistischen Mönche war, den einfachen Menschen ihres Landes ein Instrument zur Heilung an die Hand zu geben, das einfach und schnell zu erlernen war. Man muss sich vergegenwärtigen, dass Tibet kein Land ist wie Deutschland, wo einen Autos auf gepflegten Straßen in kürzester Zeit von einem Ort zum anderen bringen.
Reiki verwendeten vor allem Tibeter, die in entlegenen Tälern und Dörfern lebten. Die Wege dorthin sind meist sehr weit, fast immer von Eis und Schnee bedeckt und damit zu be-

stimmten Zeiten unpassierbar. Nicht in jedem Dorf wohnte ein Medizin-Lama und so wurden Einzelne ausgesucht, die in den Klöstern die Reiki-Methode erlernten und anschließend wieder in die Dörfer zurückkehrten. Per Handauflegen halfen sie dann bei Krankheit, Verletzungen oder mentalen Problemen der gesamten Dorfgemeinschaft.

Die Reiki-Geschichte

Wieder entdeckt wurde Reiki in der zweiten Hälfte des vergangenen Jahrhunderts von dem Japaner Dr. Mikao Usui. Fasziniert von der Möglichkeit menschlicher Heilkräfte, von denen auch die Bibel berichtet, gab der Theologe seine Stellung an einer christlichen Universität in Kyoto auf und machte sich in Amerika und Japan auf die Suche. Er erforschte in Universitäten und Klöstern die religiösen Schriften des Christentums und des Buddhismus, doch ohne Erfolg.
Aber schließlich fand er in einem japanischen Zen-Kloster in alten tibetanischen Schriften die richtigen Hinweise. Nach langer Meditation konnte er sie entschlüsseln – und anwenden! Dr. Usui ging nach Kyoto zurück und setzt seine neu gewonnenen Heilkräfte zum Wohle der vielen Bettler der Stadt ein. Später reiste er durch ganz Japan, um Reiki zu lehren, und legte damit den Grundstock für die heute weltweite Verbreitung dieser wieder entdeckten tibetanischen Lehre.

Die Reiki-Behandlung

Jeder Reiki-Behandler ist an das unendlich große kosmische Energiereservoir angeschlossen und der Klient nimmt nur so viel Energie auf, wie er gerade benötigt. Der Reiki-Gebende wird davon keinesfalls ausgelaugt oder erschöpft. Im Gegenteil: Während er mit der Energie arbeitet, lädt er sich selbst ebenfalls damit. Während der Behandlung behält man die Klei-

der an; meistens liegt man unter einer leichten Decke, um nicht auszukühlen. Reiki strömt durch Materie hindurch. Lediglich Schuhe und Schmuck sollten abgelegt werden. Reiki wirkt übrigens auch, wenn man nicht an die Wirkung glaubt. Allerdings wäre es wünschenswert, zumindest mit einer offenen Haltung in die Behandlung zu gehen.
Als ich mein erstes Reiki-Buch gelesen und den Ersten-Reiki-Grad-Kurs abgeschlossen hatte, war ich von der Wirkung der Methode begeistert. Genau nach einer so einfach zu lernenden und doch so effektiven Therapie hatte ich immer gesucht. Man wird an einem einzigen Wochenendkurs eingestimmt und kann die Grundbegriffe dieses Handauflegens lernen. Danach ist man sofort in der Lage, sich selbst oder andere zu behandeln. Es genügt die Absicht, Reiki zu geben, innerlich zu formulieren. Damit aktivieren Sie Ihren durch das Einstimmungsritual geöffneten Reiki-Kanal und können beginnen.

Der Energiepegel steigt

Dass bei Reiki-Sitzungen tatsächlich Energie übertragen wird und sich das Energiepotenzial des Behandelten verstärkt, lässt sich auch wissenschaftlich beweisen. Mit der so genannten Kirlian-Fotografie ist es möglich, vor und nach einer Behandlung ein Foto vom Energiefeld der Hände aufzunehmen. Der Unterschied lässt sich klar erkennen.
Wie wichtig die Anhebung des Energiepegels für die geistige und seelische Gesundheit ist, haben auch westliche Therapeuten längst erkannt. Gerade die Reiki-Energie ist in der Lage, den Gesundheitszustand durch Anheben des Energiepotenzials deutlich zu verbessern. Bei einer Sitzung nimmt der Klient immer genau die Menge an Lebenskraft auf, die er für seine Heilung braucht, und zwar sowohl auf der körperlichen als auch auf der geistig-seelischen und der mentalen Ebene. Es ist also egal, ob man körperliche Probleme hat (Schmerzen,

Grippe, Rückenprobleme), ob es um Beziehungen geht (Ehe, Eifersucht, Mobbing) oder Psychokonflikte (Ängste, Depressionen) – Reiki hilft immer, das fehlende Gleichgewicht wieder zu finden.
Dies gilt auch, wenn Sie sich bereits in ärztlicher oder therapeutischer Behandlung befinden. Es gibt praktisch keine andere Therapie, zu der Reiki nicht passt. Im Gegenteil: Die universale Lebenskraft ist sogar in der Lage, die negativen Begleiterscheinungen von Medikamenten zu mildern. Selbst Krebspatienten profitieren von Reiki. Die tibetische Energie-Medizin hilft, die Nebenwirkungen der Chemotherapie besser zu verkraften und die positiven Effekte dieser Behandlung zu verstärken.
Im geistig-seelischen Bereich hilft die Reiki-Therapie per Energieeinspeisung über die Chakren auf der Psychen- und Visionsebene und unterstützt andere Therapien, die darauf abzielen, krank machende Verhaltensmuster abzulegen und sich in Richtung Heilung zu bewegen, die Lebensthemen zu ergründen und dann zu transformieren. Gleichgültig, ob man eine Psycho- und eine spirituelle Therapie macht oder sich naturheilkundlich behandeln lässt – Reiki hilft immer, Krankheit und Lebensprobleme als Wachstumschancen zu verstehen, und verleiht die notwendige Energie, an den Lösungen zu arbeiten.

Mehr Lebensenergie

Die energetische Schwingung der Reiki-Kraft lässt sich am leichtesten mit der Schwingung der Liebe, göttlicher Liebe, vergleichen. Durch sie fühlt man sich offener und lebendiger. Man findet zu einem eigenständigen und gefestigten inneren Selbst und ist in der Lage, die Verbundenheit mit dem Grund allen Seins in der Welt zu spüren. Diese Lebensenergie stimmt positiv und macht uns kreativ. Wir nehmen unsere Aufgaben an und gehen spielerisch damit um. Im optimalen Zustand dieser Energie fühlen wir uns gleichzeitig entspannt und voller Spannkraft, unser Stoffwechsel ist aktiv, das Immunsystem arbeitet optimal, auf geistig-seelischer Ebene können wir unserer Intuition trauen und sind umgeben von einer schützenden Aura.

Kapitel 1

Reiki – ein goldener Weg

Gesundheit, was ist das?

Gesundheit lässt sich am einfachsten als Harmonie beschreiben – als Harmonie von Körper, Geist und Seele. Krankheit bedeutet das Fehlen dieser Harmonie. Wenn auf einer der drei Ebenen eine Disharmonie besteht, sollten wir nach Möglichkeit eine ganzheitliche Lösung finden, damit wir uns wirklich rundum wieder wohl fühlen können. Denn der Zustand wahrer Gesundheit ist erst erreicht, wenn nicht nur die körperlichen Funktionen, sondern auch Geist und Seele miteinander im Einklang sind und wir uns auf jeder Ebene vital und zufrieden fühlen.

Auf der Suche nach Gesundheit in diesem Sinne kann uns Reiki hilfreich unterstützen. Dieses energetisch wirkende Heilverfahren ersetzt zwar auf keinen Fall den Arzt, doch können wir bei regelmäßiger Anwendung, sei es durch Eigenbehandlung oder mithilfe eines Therapeuten, auf allen Ebenen Heilungsprozesse in Gang bringen. Reiki aktiviert die Selbstheilungskräfte, reinigt und entgiftet den Organismus, stärkt den Körper und lindert Schmerzen.

Die Reiki-Kraft – eine Übersicht

Der aus dem Japanischen stammende Begriff »Reiki« setzt sich aus den Silben »Rei« für »universal« oder »ganzheitlich« und »Ki« für »Lebenskraft« zusammen. Reiki ist vergleichbar mit dem chinesischen »Chi«, dem hinduistischen »Prana«

und dem russischen »Bioplasma«. Alles bedeutet universale Lebenskraft. Diese auch als göttliche Energie bezeichnete Reiki-Kraft steht uns allen zur Verfügung. Ohne es zu wissen, nutzen wir sie ganz automatisch in den verschiedensten Situationen. Wenn wir uns zum Beispiel körperlich unwohl fühlen oder Schmerzen haben, legen wir automatisch die Hände an die betroffene Stelle und bemerken nach einer Weile eine gewisse Linderung.

Diese in uns allen wohnende heilende Energie können wir nun mithilfe so genannter Einstimmungs- oder Einweihungsrituale durch einen Reiki-Meister verstärken lassen. Diese Rituale werden in den verschiedenen Reiki-Ausbildungsseminaren vollzogen. Man bezeichnet sie als das Öffnen des Reiki-Kanals: Ein Meister und Lehrer öffnet seine Schüler sozusagen zum Empfang verstärkter universeller Lebenskraft. Diese noch kraftvollere Energie fließt dann bei jeder folgenden Reiki-Behandlung, sobald man die Hände auf eines der sieben Chakren (Energiezentren) des Körpers legt. Reiki ist ganz einfach: Im Fünf-Minuten-Takt werden die Handpositionen gewechselt und die Hände auf das nächste Chakra gelegt. Auf diese Art versorgt man alle Chakren mit Energie. Die Chakren wiederum verteilen die Energie überall im körperlichen, geistigen und seelischen Bereich – genau da, wo sie gebraucht wird.

Ein weiterer Vorteil des Reiki, den viele Therapeuten sehr schätzen: Bei einer Behandlung ist es weder für den Reiki-Geber noch für den Reiki-Nehmer möglich, die persönlichen Probleme oder Schwierigkeiten des anderen aufzunehmen oder sich davon in irgendeiner Form »anstecken« zu lassen. Der Reiki-Kanal arbeitet nämlich systemunabhängig, er wird also von keiner anderen Energie beeinflusst oder beeinträchtigt. Da universale Lebenskraft immer unterstützend wirkt, gibt es beim Reiki auch niemals ein Zuviel oder irgendeine andere negative Begleiterscheinung.

Natürlich gilt auch für die Wahl des Reiki-Therapeuten, was für

alle anderen Therapeuten gilt: Man sollte sich immer nur für einen Behandler entscheiden, dem man vertraut und bei dem man das Gefühl hat, dass die »Chemie stimmt«. Doch im Unterschied zu anderen Methoden hat das Reiki hier einen entscheidenden Vorteil: Die Energie fließt immer – ganz unabhängig davon, ob der Behandler sympathisch oder unsympathisch erscheint.
Bei einer Reiki-Behandlung kommt es in keiner Sekunde zu unangenehmen oder peinlichen Situationen zwischen dem Therapeuten und dem Klienten. Die Kleider behält man an und meistens liegt man sogar unter einer Decke, um während der Behandlung nicht auszukühlen. Reiki strömt durch Materie hindurch. Lediglich die Schuhe und Schmuck sollten abgelegt werden. Reiki wirkt übrigens auch, wenn man nicht an seine Wirkung glaubt. Auch Skeptiker können also durchaus davon überzeugt werden. Allerdings wäre es wünschenswert, zumindest mit einer offenen Haltung in die Behandlung zu gehen.

Reiki unterscheidet sich von anderen Therapien

Selbstbehandlungen sind sehr einfach und überall durchführbar, weil sie an keine Zeit und an keinen Ort gebunden sind. Es genügt, die Absicht, Reiki zu geben, innerlich zu formulieren. Damit aktivieren Sie Ihren durch das Einstimmungsritual geöffneten Reiki-Kanal und Sie können beginnen.
Reiki bringt uns in Kontakt mit unserer inneren Weisheit, unserem Reichtum und unserem inneren Licht. Es erzeugt jenen Zustand heiterer Gelassenheit, den uns Buddha vormachte. Und trotzdem ist Reiki weder an ein Dogma noch an einen Glauben gebunden. Reiki ist keine Religion. Reiki ist eine Jahrtausende alte tibetische Wissenschaft.

Die fünf Reiki-Grundsätze

Der Reiki-Wiederentdecker Dr. Usui hatte seine Klienten aus den Armenvierteln von Kyoto sieben Jahre lang kostenlos behandelt und sich bemüht, mit ihrer Gesundheit auch ihren Lebenswandel zu verbessern. Doch als viele von ihnen »rückfällig« wurden, musste er sich eingestehen, dass er etwas Wichtiges übersehen hatte: Wenn ein Klient eine Behandlung umsonst bekommt, hat sie für ihn keinen Wert, weil er nichts für seine Heilung tun oder geben muss, und das Erreichte ist nicht von Dauer. Wird eine Reiki-Sitzung hingegen als Dienstleistung verstanden, entscheiden sich Therapeut und Klient ganz bewusst für einen Vertrag, in dem beide etwas geben und etwas bekommen.
Im Folgenden stelle ich Dr. Usuis fünf Reiki-Grundsätze vor, die über die eigentliche Behandlung hinaus das Leben des Klienten und damit auch den Heilerfolg verbessern sollen.

Erster Grundsatz:

Heute will ich mich nicht sorgen
Dazu möchte ich sagen, dass es völlig normal ist, sich zu sorgen. Sich sorgen heißt ja auch, sich kümmern und Verantwortung übernehmen. Und doch – wenn wir unser Bestes geben

> Dr. Usui nahm einen wichtigen Grundsatz in die Reiki-Behandlung auf: Jeder Mensch kann nur dann an seinem Leben und an seinem Gesundheitszustand etwas dauerhaft verändern, wenn ihm seine Weiterentwicklung und Heilung wirklich wichtig ist und er etwas dafür geben will. Auch bei Reiki muss die Geisteshaltung des Klienten dem Therapeuten gegenüber also bittend sein, damit sich dauerhaft etwas verändert.

und lernen, der göttlichen Fügung zu vertrauen, brauchen wir uns nicht unnötig zu sorgen.

Zweiter Grundsatz:

Heute will ich mich nicht ärgern

Wir ärgern uns alle ziemlich oft. Wichtig ist, dass wir uns klarmachen, was der wahre Hintergrund unseres Ärgers ist. Es gilt, sich der im Ärger deutlich werdenden eigenen Konflikte und Probleme bewusst zu werden. Wenn wir in der Lage sind, das dahinter liegende Problem zu erkennen, können wir uns bei aufkommendem Ärger entscheiden: für den emotionalen Ausbruch oder für ein entspanntes Bei-sich-Bleiben, bei dem man den Ärger in angemessenen Worten ausdrückt, ohne zerstörende Aggression freizusetzen.

Natürlich wohnt in jedem von uns eine gehörige Portion aufgestauter Wut, die jedes Ärgernis als Ventil benutzen möchte, sich Luft zu machen. Aber dies ist kein guter Weg der Auseinandersetzung. Benutzen Sie zum Herauslassen aufgestauter Wut lieber Gelegenheiten, die keinem schaden. Inzwischen bieten manche Therapiezentren oder Volkshochschulen zum Beispiel die Dynamische Meditation an, bei der man nach Herzenslust toben und schreien und die ganze Wut aus dem Bauch herauslassen kann. Auch beim Sport kann man sich verausgaben und dabei Aggressionen abbauen. Wenn wir also negativen Gefühlen auf konstruktive Art Ausdruck geben, können sie sich verwandeln und wir bekommen die Chance, liebevoller miteinander umzugehen.

Dritter Grundsatz:

Heute will ich redlich arbeiten

Jeder Mensch sollte herausfinden, was seine Lebensaufgabe ist und welche Arbeit ihr entspricht. Im Laufe der Zeit machen wir die verschiedensten Arbeitserfahrungen. Kein Job ist nur Broterwerb, er bringt uns immer auch Chancen, Erfahrungen zu sammeln. Im Rahmen unserer Arbeit erleben wir die Welt aus diversen Blickwinkeln. Wenn sich früher oder später unser Traumjob herauskristallisiert, werden wir für ihn automatisch unser Bestes geben.

Vierter Grundsatz:

Heute will ich alle Wesen lieben und achten

Wenn wir unsere Umwelt aufmerksam beobachten und bewusst wahrnehmen, werden uns die ökologischen Zusammenhänge klar, in denen wir leben. Wir hängen alle voneinander ab. Pflanzen, Tiere und Menschen leben gemeinsam auf einem Planeten. Wo immer auch nur im Kleinen etwas zerstört wird, wirkt dies auf die Gesamtheit. Wenn wir dies begriffen haben, beginnen wir, unsere innere und äußere Welt liebevoll zu gestalten. Mit dieser Lebenseinstellung nehmen wir positiven Einfluss auf das Ganze: Wie ein Tropfen Wasser in einem See verbreiten wir die Schwingung der Liebe in kreisförmigen Wellen.

Fünfter Grundsatz:

Heute will ich dankbar sein

Für die großen und kleinen Geschenke des Lebens sollten wir dankbar sein. Auch wenn es uns widerstrebt, Lebenskrisen als Geschenke anzuerkennen – in ihnen liegt die Chance, unseren Lebensweg zu begradigen.

Es gehört zu den großen Künsten des Lebens, sich an kleinen Dingen zu erfreuen. So kann das Lächeln eines Menschen ein sehr warmes Gefühl im Herzen hinterlassen. Wer in der Stadt lebt und sich über einen freien Parkplatz genau vor dem Haus freut, kann sogar für dieses kleine Geschenk des Lebens dankbar sein.

Die Reiki-Ganzbehandlung – ihre Grundlagen und Wirkungen

Bei der Reiki-Ganzbehandlung werden die Hände in bestimmter Abfolge von Kopf bis Fuß auf Teile des ganzen Körpers aufgelegt. Auf den Klienten wirkt die Behandlung sehr tief und angenehm entspannend. Er spürt die durch die Hände des Therapeuten fließende Energie als warm und wohltuend. Der Geist distanziert sich von den Sorgen des Alltags, Ängste und Ärgernisse lösen sich auf oder werden unbedeutend und mit der körperlichen Entspannung stellt sich sehr bald eine positive Geisteshaltung ein. Auch wenn sich die Klienten über die subtile und gerade deswegen sehr tief greifende geistig-seelische Wirkung des Reiki nicht bewusst sind oder meinen, davon nichts zu spüren: Die Reiki-Kraft unterstützt immer auch den geistigen Wachstums- und Entfaltungsprozess. Durch die Behandlung kommt der Klient in Kontakt mit seinen wirklichen Lebenswünschen und Bedürfnissen, die oft genug durch Konditionierungen seitens der Eltern, Schule und Gesellschaft verschüttet wurden.

Wer etwas über sich erfahren will, dem hilft die Reiki-Kraft sogar, seine Lernaufgaben im Leben zu erkennen und zu lösen. Mit diesen »Eingebungen« oder Erkenntnissen können sich im Übrigen auch körperliche Probleme bessern. Auf diese Art macht Reiki uns die Zusammenhänge zwischen Körper, Geist und Seele am eigenen Beispiel bewusst.

Doch wie viel Reiki braucht man für solche Heilprozesse? Ich empfehle zwischen drei und zehn Reiki-Ganzbehandlungen. Es passiert oft, dass Klienten von den Sitzungen so begeistert sind, dass sie sich spontan dazu entschließen, selbst Reiki zu

lernen. Das Erster-Reiki-Grad-Seminar ist ein optimaler Einstieg in die Methode, denn danach kann man, so oft man will, sich selbst, seinen Partner, Freunde und sogar fremde Menschen behandeln, denen man Gutes tun möchte.
Nun möchte ich auch auf eine mögliche Nebenwirkung zu sprechen kommen, die allerdings sehr selten auftritt. Wie bei allen Therapien kann auch beim Reiki im Laufe einer Behandlungsabfolge eine Heilungskrise auftreten. Die Symptome können sich also zunächst verstärken. Wenn dies geschieht, sollte die Behandlung trotzdem fortgesetzt werden. Meistens stellt die Krise das letzte Aufbäumen der alten Probleme dar.

Je mehr Reiki-Kraft ein Mensch bekommt, desto positiver und stärker wird seine Ausstrahlung.
Um das zu verstehen, muss man wissen, dass das Wort Ausstrahlung genau genommen auf die Kraft und Stärke unserer Aura hinweist. Man sagt ja auch Menschen mit starker Ausstrahlung nach, sie hätten eine starke Aura.
Gemeint ist immer das nur für wenige Menschen sichtbare, aber messbare Energiefeld, das unseren sichtbaren physischen Körper umhüllt. Es besteht aus mehreren feinstofflichen Schichten, die nicht klar voneinander getrennt sind, sondern ineinander übergehen. Auch Tiere, Pflanzen und Mineralien sind von einer Aura umgeben.
Seit Jahrhunderten gibt es immer wieder Heiler und hellsichtige Menschen, die die Aura eines Menschen sehen können. Sie beurteilen den Gesundheits- und Bewusstseinsgrad eines Menschen nach Form und Farbe seiner Aura. Auch die Art und Weise ihrer Behandlung richtet sich danach.

Was passiert eigentlich beim Reiki? Diese Frage muss sich jeder stellen, der mit dieser Art von Therapie zum ersten Mal konfrontiert wird. Hier ist mein Versuch, das Phänomen Reiki zu erklären: Reiki ist reine Energiearbeit. In einfachen Worten könnte man sagen, Reiki erhöht die Menge an Energie oder Lebenskraft im Körper des Menschen und ermöglicht ihm damit, mit seinen körperlichen, geistigen oder seelischen Problemen besser fertig zu werden. Reiki-Energie hilft dem Menschen, sich selber zu helfen, und das ist, wie wir alle wissen, das beste Heilmittel überhaupt.

Wo kommt die Energie nun her, die durch die Hände des Behandlers übertragen wird? Reiki basiert auf dem Vorhandensein einer universalen Energie, »reiner Lichtenergie« mit stärkster Schwingung, die immer und überall vorhanden und endlos verfügbar ist. Bei der Reiki-Arbeit wird dieses jedem zugängliche Energiereservoir angezapft. Der Körper des Behandlers wird sozusagen zum Kanal, durch den die Energie fließt, und über seine Hände wird diese Kraft in die Chakren, die Energiezentren, des Behandelten »eingespeist«. Über die Chakren erreicht sie alle Organe und Organsysteme und versorgt sie mit genau den Frequenzen, die zur Heilung benötigt werden.

Die Schichten der menschlichen Aura von innen nach außen

Der Ätherkörper

Der Ätherkörper hat die Form unseres sichtbaren Körpers und umgibt uns in einem Abstand von etwa sechs Zentimetern. Er ist eine Art Schutzmantel. Wenn wir gesund sind, kann er das Eindringen von Krankheiten verhindern. Der Ätherkörper hat die niedrigste Schwingungsfrequenz aller feinstofflichen Körper. Er ist für die Vitalität unserer Ausstrahlung verantwortlich.

Der Astralkörper

Der Astralkörper hat eine ovale Form und entspricht unseren Emotionen und Gefühlen. Je nach Gefühlslage kann er sich mehrere Meter weit ausdehnen. Die Ausdehnung des Astralkörpers ist für uns Menschen, wenn auch unbewusst, spürbar. Automatisch machen wir um Menschen, die eine riesige Wut im Bauch haben, einen Bogen, da wir diese Schwingung schon in einiger Entfernung wahrnehmen.

Der Mentalkörper

Der Mentalkörper zeigt uns die Denkstrukturen sowie die Stärke des Geistes auf. Er hilft, Visionen in Taten umzusetzen. Viele Profisportler, die sich mithilfe des Mentaltrainings geistig auf Sieg programmieren, nutzen dazu die Energie des Mentalkörpers. Er hat in etwa die Ausdehnung des Astralkörpers, aber eine höhere Schwingungsfrequenz.

Der Spiritualkörper

Der spirituelle Körper kann rund oder eiförmig sein. Von allen feinstofflichen Körpern hat er die höchste Schwingungsfrequenz. Die Reichweite dieses Energiekörpers kann je nach Bewusstseinsgrad und spiritueller Reife des Menschen bis zu hunderten von Metern betragen. Die meisten erleuchteten Meister haben ihre Schüler von diesem Phänomen profitieren lassen. Sie bauten um sich herum eine so genannte Sangha, eine Gemeinschaft von Schülern, auf. Im Energiefeld eines Meisters ist es für einen Menschen wesentlich einfacher, seine eigene Energieschwingung zu erhöhen.

Die Chakren – Tore der Kraft

Die Chakren sind unsere feinstofflichen Energiezentren, über die die Reiki-Kraft in uns strömt. Der Name kommt aus dem Sanskrit und steht für Kreis oder Rad. In der Tat handelt es sich

um kleine, in ganz unterschiedlichen Frequenzen schwingende Energiewirbel, durch die wir Energie entweder aufnehmen oder abgeben. Die Chakren dienen uns als Schaltstellen oder Verteiler der kosmischen Energie für unsere verschiedenen Körper.
Die sieben Hauptchakren, auf die ich auch auf den Seiten 128 ff. noch eingehen werde, sitzen zwischen Scheitel und Damm in einer gedachten geraden Linie entlang der Wirbelsäule im Ätherkörper. Bei der Reiki-Behandlung werden die Hände in bestimmten Positionen auf die Chakren gelegt. So kann die Reiki-Kraft in die Chakren eingespeist und an die Orte verteilt werden, wo sie gebraucht wird. Ob im feinstofflichen oder im physischen Körper, im Drüsensystem, in den Organen, im Nervensystem oder am Knochengerüst – immer unterstützt diese Energie die Körperregionen, die Energie brauchen.

Die Aufgaben der Chakren

Jedes Chakra repräsentiert und steuert eine bestimmte Gefühlsqualität und ist zuständig für den umliegenden Bereich (Organe, Drüsen etc.). Den Chakren werden jeweils verschiedene Heilfarben, Heilsteine und Heilpflanzen zugeordnet.

Das erste Chakra heißt Wurzelchakra und liegt zwischen den Genitalien und dem Anus. Es ist zuständig für das Überleben, die Vitalität, die Sexualität und das Sichern von materiellem Besitz.

Element:	Erde
Farbe:	rot
Stein:	Hämatit
Heilpflanze:	Sandelholz

Das zweite Chakra wird Sakralchakra genannt und liegt zwei Finger breit unterhalb des Nabels. In Japan nennt man es auch das Hara-Chakra. In ihm ist das Leben verankert. Es ist zuständig für Gefühlsleben, Lebenskraft und Kreativität.

Element:	Wasser
Farbe:	orange
Stein:	Karneol
Heilpflanze:	Ylang-Ylang

Das dritte Chakra ist der Solarplexus, auch das Sonnengeflecht oder Sonnenchakra genannt. Es befindet sich in der Höhe des Magens. Von hier geht der Mensch nach außen in die Welt. Die diesem Chakra zugeordneten Lebensthemen sind Ausstrahlung, Mut, Durchsetzungskraft, Individualität und Macht.

Element:	Feuer
Farbe:	gelb
Stein:	Tigerauge
Heilpflanze:	Zitrone

Das vierte Chakra, das Herzchakra, liegt mitten in der Brust und ist auch der Mittelpunkt der Chakrareihe. Es gilt als das Zentrum der Liebe. Von hier aus strömt die Energie in beide Richtungen, sie verbindet die unteren und oberen Chakren. Das Herzchakra ist zuständig für die Transformation. Es symbolisiert das Loslassen und die Fähigkeit, sich dem Leben vertrauensvoll hinzugeben. Die Fähigkeit, Liebe aus vollem, großzügigem Herzen heraus schenken und empfangen zu können, zählt zu den höchsten menschlichen Qualitäten.

Element:	Luft
Farbe:	rosa oder hellgrün
Stein:	Rosenquarz oder Jade
Heilpflanze:	Rose

Das fünfte Chakra, das Kehlkopfchakra, liegt in der Mitte des Halses auf dem Kehlkopf. Es wird das Zentrum der Kommunikation genannt. Durch die Stimme nehmen wir Kontakt zur Außenwelt auf. Je ausgeglichener und kräftiger die Chakren schwingen, desto eindeutiger der stimmliche Ausdruck. Man spürt die Präsenz eines Menschen mit ausgeprägtem Kehlkopfchakra.

Farbe: blau
Stein: Lapislazuli
Heilpflanze: Jasmin

Das sechste Chakra, das Dritte Auge, hat seinen Platz zwischen den Augen oberhalb der Nasenwurzel. Telepathie, Hellsehen, Intuition, Verständnis unserer Träume und das Erkennen unserer Lebensvision sind Themen dieses Chakras. Auch Erfahrungen jenseits der körperlichen Wahrnehmbarkeit und die Verbindung zur geistigen Welt werden diesem Zentrum zugeschrieben. Wenn wir uns der Erfahrung der Meditation öffnen, können die Elemente des sechsten Chakras in unserem Leben immer mehr zum Tragen kommen.

Farbe: violett
Stein: Amethyst
Heilpflanze: Muskatellersalbei

Das siebte Chakra wird auch Scheitel- oder Kronenchakra genannt. Es liegt am obersten Punkt des Kopfes, wo sich manche Menschen den Mittelscheitel ziehen. Hier öffnen wir uns der spirituellen Welt und werden uns der All-Einheit bewusst. Über dieses Chakra sind wir mit dem Grund allen Seins verbunden und fühlen uns in ihm vertrauensvoll aufgehoben.

Farbe: kristallklar bis lichtweiß
Stein: Bergkristall
Heilpflanze: Sandelholz

Was passiert bei einer Einzelsitzung?

Professionelle Anbieter bieten die »Sessions« entweder in Praxisräumen oder in einem eigens dafür eingerichteten Behandlungszimmer an. Das einzige Utensil, das man für eine Sitzung braucht, ist eine Behandlungsliege. Und dann? Vielleicht ist es ganz interessant, den Ablauf und die Atmosphäre einer Behandlung einmal aus dem Munde einer Patientin zu hören: »Im Behandlungsraum herrscht eine klare, entspannte Atmosphäre. Sanfte Musik und der Duft ätherischer Essenzen heißen mich willkommen. Ich fühle mich sofort wunderbar aufgehoben. Bevor es losgeht, findet ein Gespräch in einer kleinen Sitzecke statt. Der Therapeut fragt mich nach meiner Lebenssituation und nach den Gründen, warum ich hier bin. Ich soll auch erklären, was ich mir von der Behandlung erhoffe. Danach klärt mich der Therapeut über Reiki und seine Arbeitsmethode auf.

Bevor ich mich auf die Behandlungsliege lege, soll ich meine Schuhe ausziehen und den Schmuck ablegen. Nun bekomme ich noch eine leichte Decke aufgelegt und es kann losgehen. Der Reiki-Meister sitzt auf einem Stuhl hinter meinem Kopf und hält als Erstes die Hände fünf Zentimeter über mein Gesicht. Die Wirkung ist genauso intensiv wie bei der direkten Berührung.

Ich spüre ganz deutlich die Wärme seiner Hände und beginne sofort, mich zu entspannen. Nach einigen Minuten wechselt der Therapeut die Position seiner Hände. Nun schweben seine Handflächen dicht über meiner Stirn. Danach geht es weiter zum Hals und dann weiter über den ganzen Körper bis hinunter zu den Füßen. Manchmal berührt der Therapeut den Körper durch direktes Handauflegen, mal schweben seine Hände über den Chakren. Irgendwann höre ich auf, der Behandlung zu folgen, und spüre in meine Entspannung hinein. Bilder tauchen auf und verschwinden, ich spüre, wie ich mich mehr und mehr der Behandlung hingeben und jede Minute genießen kann. Nach etwa sechzig Minuten ist die Reiki-Behandlung zu Ende. Schade. Ich tauche wie aus tiefer Trance wieder auf. Der Therapeut sagt, ich solle noch ein wenig liegen bleiben. Beim abschließenden Gespräch soll ich erzählen, wie ich mich fühle – einfach wunderbar. Die Kopfschmerzen, mit denen ich hierher gekommen bin, sind wie weggeblasen, auch meine verspannten Schultern fühlen sich viel weicher an. Der Behandler rät mir, den restlichen Tag bewusst leichter anzugehen und viel Wasser zu trinken, um die bei der Behandlung freigesetzten Giftstoffe auszuschwemmen. Auch solle ich besondere Gefühlszustände oder Erlebnisse notieren, um sie bei der nächsten Sitzung zu besprechen. Anschließend stecken wir zusammen den weiteren Behandlungszeitraum ab. Ich soll insgesamt sieben Sitzungen in möglichst gleich bleibendem Turnus nehmen.«

Dies ist die Beschreibung einer klassischen Reiki-Behandlung, wie sie inzwischen in fast allen mittleren und größeren Städten angeboten wird.

Natürlich arbeitet jeder Therapeut etwas anders. Inzwischen sind zum Beispiel manche Behandler dazu übergegangen, die Reiki-Kraft noch mit anderen Methoden zu kombinieren. Ich selbst zum Beispiel habe sehr gute Erfahrungen damit gemacht, die Reiki-Behandlung mit Lebensberatung und bestimmten Tarot-Techniken zu kombinieren. Mit dieser von mir entwickelten »Holistic-Chi-Methode« gelingt es mir immer wieder auf verblüffende Art, die Lebensthemen meiner Klienten genau auf den Punkt zu bringen. Es ist schon oft passiert, dass ein zuvor ratloser und seelisch verzweifelter Klient von der Behandlungsliege aufstand und plötzlich wusste, was er zu tun hatte. Ich bin manchmal selbst erstaunt, wie gut Reiki helfen kann, dass ein Knoten endlich platzt.

Die Reiki-Seminare

Viele Menschen sind von der Reiki-Arbeit so begeistert, dass sie mehr darüber wissen und lernen wollen. Aus diesem Grund bieten viele Reiki-Behandler neben den Einzelbehandlungen auch Ausbildungsseminare an. Man kann insgesamt drei Reiki-Grade erwerben. Ich persönlich empfehle eigentlich jedem Menschen, der sich für Reiki interessiert, den Grundkurs zu machen, mit dem er sich den ersten Reiki-Grad erwirbt.
Die Ausbildung dauert nur ein Wochenende und kostet etwa 200 Euro. Durch die Einstimmungsrituale ist man in der Lage, sofort sich selbst und andere mit der Reiki-Kraft zu behandeln. Der Ausbildungskurs für den zweiten Reiki-Grad kostet zwischen 300 und 600 Euro und kann ebenfalls an einem Wochenende absolviert werden. Das Dritter-Reiki-Grad-Seminar teilt sich auf in einen Meisterteil und einen Lehrerteil. Dieses Seminar wird zu Preisen zwischen 2500 und 7500 Euro angeboten. Die enormen Preisdifferenzen kommen daher, dass es

verschiedene Reiki-Linien gibt, die unterschiedlich teuer sind. Außerdem bieten seit einigen Jahren immer mehr freie Meister ihre Kurse an. Hier gilt: Die Qualität eines Seminars ist nicht vom Preis abhängig. Hören Sie sich um und lassen Sie sich Empfehlungen geben. Das ist auch bei Reiki-Ausbildungen immer noch der beste Garant für Qualität.

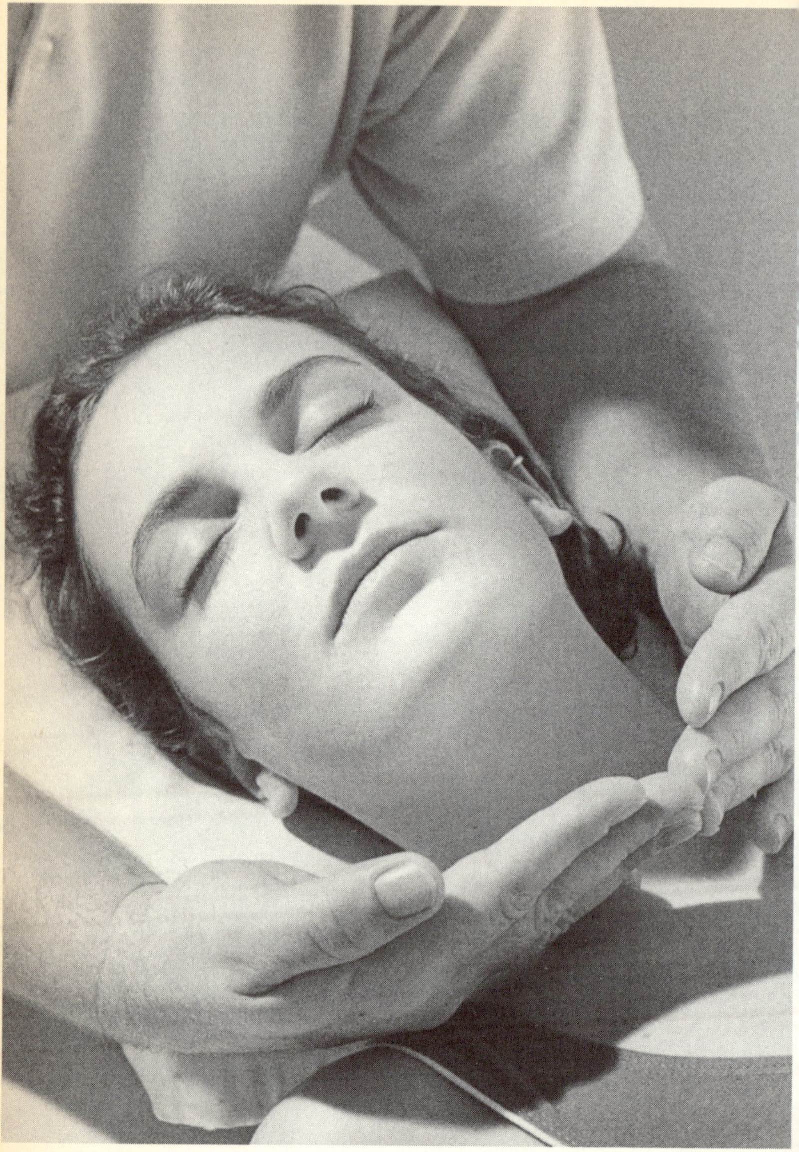

Kapitel 2

Der erste Reiki-Grad

Mit dem ersten Reiki-Grad erwirbt man sich ein gutes Rüstzeug gegen viele Alltagsbeschwerden, das man mit etwas Übung sehr bald in der eigenen Familie und im Freundeskreis anwenden kann. An einem Wochenendseminar bekommt man Folgendes vermittelt:

- Einstimmungsrituale
- Die Eigenbehandlung
- Die Fremdbehandlung
- Die Reiki-Positionen und ihre Wirkungen

Die Einstimmungsrituale

Die Reiki-Kraft kann nur durch den so genannten Reiki-Kanal fließen. Der Körper des Reiki-Gebenden wird zum Reiki-Kanal, sobald dieser einmal geöffnet worden ist. Diese Eröffnung des Kanals kann nur ein Reiki-Meister vollziehen. Er tut dies mit vier Einstimmungs- oder auch Einweihungsritualen. Sie werden bei jedem Teilnehmer einzeln ausgeführt. Das letzte Ritual gilt als Versiegelung. Dies bedeutet, dass die Reiki-Kraft von nun an jederzeit zur Verfügung steht, auch wenn man sie jahrelang nicht benutzt.
Was so eine Einstimmung bewirkt, lässt sich im Einzelnen schwer beschreiben, denn jeder Mensch reagiert anders darauf. Sicher ist nur, dass es sich auch hier um eine Energieübertragung handelt, bei der die Schwingungsfrequenz des Körpers erhöht wird. Diese schneller schwingende Energie wirkt wie ein Vitalitätsschub auf das ganze Körper-Geist-Seele-

System und kann auf den verschiedensten Ebenen Entwicklungssprünge auslösen. Viele Teilnehmer können nach einem solchen Wochenende plötzlich berufliche oder zwischenmenschliche Beziehungen besser klären, vertrauen mehr ihrer Intuition oder sie beginnen sich für Meditation zu interessieren.

Die Eigenbehandlung

So einfach und gleichzeitig so wirksam wie die Selbstbehandlung mit Reiki ist wohl keine zweite Therapie. Man braucht dazu nichts anderes als seine eigenen Hände. Die Reiki-Kraft steht ja immer und überall zur Verfügung.

Wenn man sich unwohl fühlt, Beschwerden hat und selbst bei schlechter Laune kann man seine eigenen negativen Energien mit der Reiki-Kraft harmonisieren. Ob Angst, Schmerz, Aufregung oder Müdigkeit – mit dem Auflegen der Hände an die richtigen Stellen fühlt man sich sehr schnell gestärkt, entspannter und ausgeglichener.

Zur Selbstbehandlung lernt man insgesamt vier Reiki-Positionen am Kopf, vier an der Vorderseite und vier Rückenpositionen. Jede Position wird fünf Minuten lang gehalten. In dieser Zeit erzählt der Reiki-Lehrmeister den Schülern, welche Wirkung die jeweilige Position auf den physischen, emotionalen und mentalen Bereich sowie für das höhere Bewusstsein und das geistige Wachstum hat. Eine Selbstbehandlung des ganzen Körpers dauert etwa eine Stunde. Ein erfahrener Reiki-Behandler geht dabei intuitiv vor, er arbeitet nach seiner inneren Uhr. So behandelt er ein Chakra manchmal etwas länger und das andere eventuell kürzer. Wer mag, kann die Behandlung sozusagen zur Entspannungshilfe mit meditativer Musik untermalen.

Die Fremdbehandlung

Die Positionen der Fremdbehandlung sind die gleichen wie bei der Eigenbehandlung. Jeder Kursteilnehmer sucht sich einen Partner und begibt sich zu einer Massageliege. Um die Liege sollten einige Sitzgelegenheiten postiert sein, damit im Stehen und im Sitzen gearbeitet werden kann. Der Schüler, der zuerst behandelt wird, legt sich mit dem Rücken auf den Massagetisch, ein Kissen kommt unter den Kopf, ein anderes unter die Knie. Damit er nicht auskühlt, wird er mit einer leichten Decke zugedeckt. Nun kann es losgehen.

Die Positionen der Reiki-Ganzbehandlung

Die Kopfpositionen

Der Reiki-Gebende sitzt oder steht hinter dem Kopf des Reiki-Nehmenden.

1. Kopfposition

Die flach ausgestreckten Hände werden in Längsrichtung in fünf Zentimetern Abstand über das Gesicht gehalten. Die Finger sind geschlossen, die Hände berühren sich leicht.
Die physische Wirkung:
Bringt Zirbel- und Hirnanhangdrüse ins Gleichgewicht; verbessert die Sehkraft der Augen und lindert Beschwerden in diesem Bereich, wirkt auf alle Krankheiten der Stirn- und Nasennebenhöhlen, gut auch bei Erkältungen und Störungen im Zahn- und Kieferbereich.
Die emotionale Wirkung:
Negative äußere Einflüsse werden abgeschirmt. Die Position lindert Angst, sorgt für Stressabbau und Entspannung.

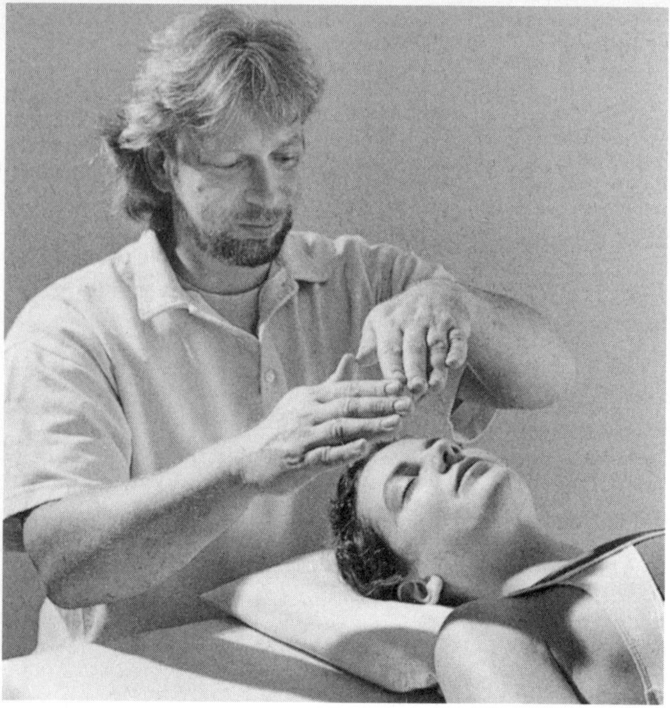

Die mentale Wirkung:
Schafft Abhilfe bei Verwirrung, sorgt für klare Gedanken und inspiriert bei der Ideensuche, verhilft zu mentalem Gleichgewicht, Konzentration und Sammlung.
Die Wirkung für höheres Bewusstsein und geistiges Wachstum:
Hilft, sich nach innen zu wenden und sich der inneren Weisheit und Führung anzuvertrauen, hilft bei der Meditation.

2. Kopfposition

Die Hände werden rechts und links seitlich an die Schläfen gelegt, die Fingerspitzen berühren die Wangenknochen.

Die physische Wirkung:
Diese Position beeinflusst das Gehirn. Zusammen mit Position 3: Abhilfe bei Kopfschmerzen. Bringt Zirbel- und Hirnanhangdrüse ins Gleichgewicht; gut bei Schock und Reisekrankheit.
Die emotionale Wirkung:
Sorgt für Gleichgewicht zwischen rechter und linker Hirnhälfte; gut bei Sorgen, Hysterie und Stress; fördert heitere Gelassenheit und wirkt gegen Depressionen.
Die mentale Wirkung:
Fördert Produktivität und Kreativität, sorgt für Gedankenklarheit und verbessert das Gedächtnis. Man kann Informationen besser behalten und durchdenken. Schafft Ruhe im Kopf.
Die Wirkung für höheres Bewusstsein und geistiges Wachstum:
Macht die feinere Wahrnehmung klarer, erhöht die Fähigkeit, höhere Energien aufzunehmen. Erweitert das kosmische Bewusstsein und wirkt auf die Klarheit der Vision, sorgt für spirituelle Offenheit.

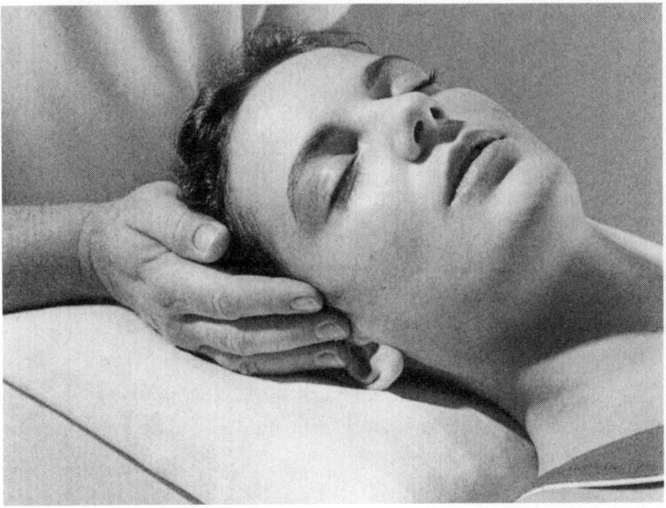

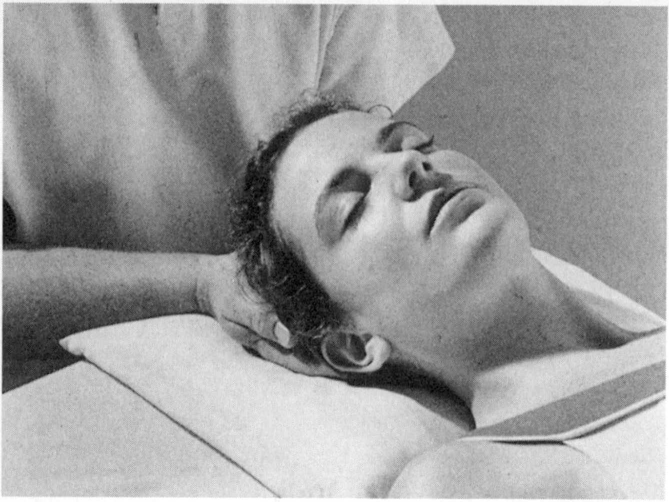

3. Kopfposition

Die Hände werden unter den Kopf geschoben, sodass der Hinterkopf in den Händen liegt.

Die physische Wirkung:

Wirkt auf Hinterkopf, Kleinhirn und auf das Rückenmark. Hilft bei Sprachproblemen und stärkt die Augen. Zusammen mit Position 2: eine gute Hilfe bei Kopfschmerzen und Störungen des Gleichgewichts und der Koordination. Verhilft zu besserem Einschlafen und erfrischtem Aufwachen.

Die emotionale Wirkung:

Bei Schock, Angst und Sorgen. Sorgt für Stressabbau, tröstet und vermittelt das Gefühl von Geborgenheit. Lindert Schmerzen, hilft beim Entzug, fördert die Traumerinnerung.

Die mentale Wirkung:

Bringt Ruhe in die Gedanken, verhilft zu klarem Ausdruck von Gedanken und Ideen. Fördert Kreativität, Produktivität und heitere Gelassenheit.

Die Wirkung für höheres Bewusstsein und geistiges Wachstum:
Aktiviert das Dritte Auge, erweitert die Sichtweise und hilft, das Ganze zu sehen, macht bereit zum Empfang höherer Energien.

4. Kopfposition

Die Hände in etwas Abstand über Hals und Kehlkopf halten, sie können leicht auf den Schlüsselbeinen aufgestützt werden.
Die physische Wirkung:
Wirkt auf Mandeln, Hals, Stimmbänder, Kehlkopf, Schilddrüse, Nebenschilddrüse und den gesamten Stoffwechsel; harmonisiert zu hohen und zu niedrigen Blutdruck, entspannt bei Schlaganfall, unterstützt die Wirkung der Lymphdrainage.
Die emotionale Wirkung:
Besänftigt negative Gefühle wie Wut, Feindseligkeit, Groll, Enge und Frustration; verhilft zu positiven Eigenschaften wie Selbstvertrauen, Selbstachtung und Freude. Spendet Trost, Geborgenheit und sorgt für emotionales Gleichgewicht.

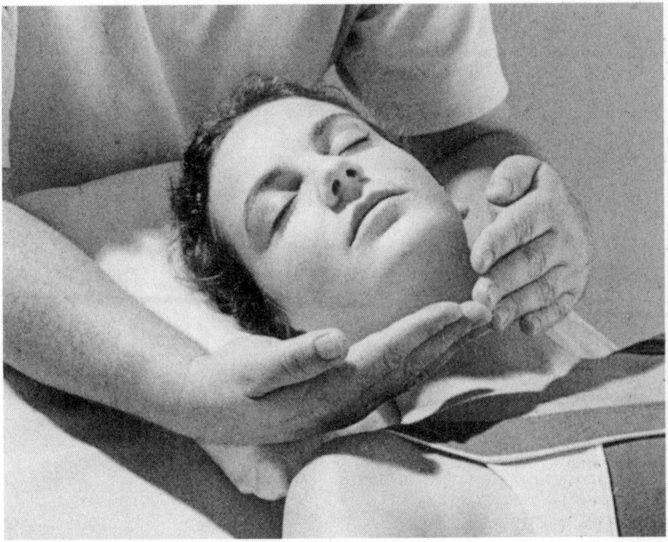

Die mentale Wirkung:
Fördert die Fähigkeit, sich auszudrücken, sorgt für Ruhe, Wohlbefinden, Klarheit und innere Festigung.
Die Wirkung für höheres Bewusstsein und geistiges Wachstum:
Das Kehlkopfzentrum ist Kraft erzeugend; es verhilft zu Kreativität, Produktivität und besserer Kommunikation.

Die Vorderpositionen

Hierbei steht oder sitzt der Behandler seitlich etwa in Brusthöhe des Liegenden.

1. Vorderposition

Die Hände liegen in Herzhöhe voreinander auf dem Brustkorb, die Fingerspitzen der einen Hand berühren den Ballen der anderen.
Die physische Wirkung:
Stärkt Herz und Lunge, Thymusdrüse (Immunsystem) und den Kreislauf; unterstützt die Wirkung der Lymphdrainage.

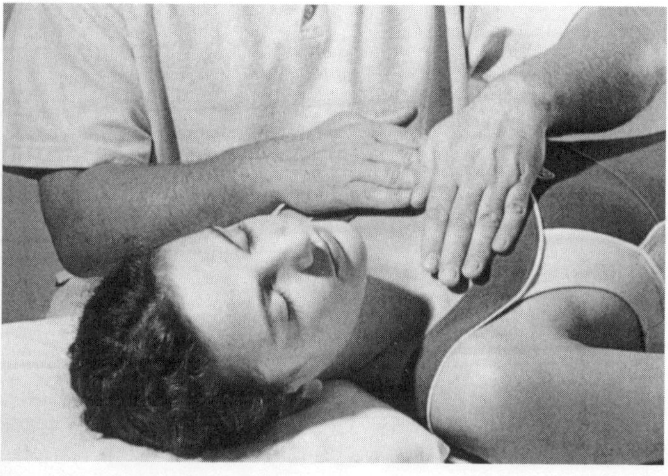

Die emotionale Wirkung:
Vermittelt das Gefühl von Geborgenheit, stärkt das Selbstvertrauen und die Liebesfähigkeit vom Herzzentrum aus; behebt Wut, Groll, Eifersucht und Feindseligkeit; verwandelt Resignation in Akzeptieren, hilft beim Stressabbau.
Die mentale Wirkung:
Fördert Ruhe, heitere Gelassenheit, Konzentration und Harmonie.
Die Wirkung für höheres Bewusstsein und geistiges Wachstum:
Fördert bedingungslose Liebe und Freude, verhilft zu Stabilität, innerer Sammlung und Mitgefühl und dem Verschmelzen zweier Herzen.

2. Vorderposition

Die Hände liegen nebeneinander oder voreinander in Höhe des Sonnengeflechts.
Die physische Wirkung:
Für Leber, Magen, Milz und den ganzen Verdauungstrakt.

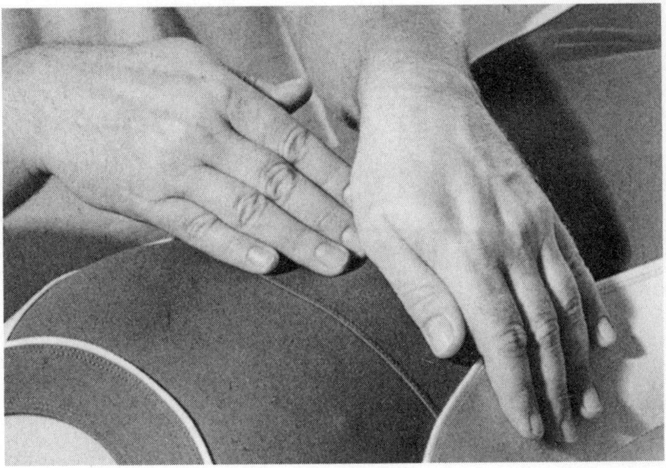

Die emotionale Wirkung:
Sorgt für Entspannung und den Abbau von Stress und Angst.
Die mentale Wirkung:
Fördert Klarheit und innere Sammlung.
Die Wirkung für höheres Bewusstsein und geistiges Wachstum:
Vermittelt das Gefühl innerer Ruhe und Heiterkeit; öffnet für höhere Energie.

3. Vorderposition

Die Hände liegen zwei Finger breit unterhalb des Bauchnabels rechts und links auf den Bauchseiten und berühren sich in der Mitte.
Die physische Wirkung:
Wirkt harmonisierend auf die untere Leber, Bauchspeicheldrüse, Gallenblase, Milz und Zwölffingerdarm.
Die emotionale Wirkung:
Fördert den Stressabbau; lindert Hysterie, Frustration und Angst und ein übergroßes Bedürfnis zu kontrollieren oder zu manipulieren; sorgt für Kraft und Selbstvertrauen.

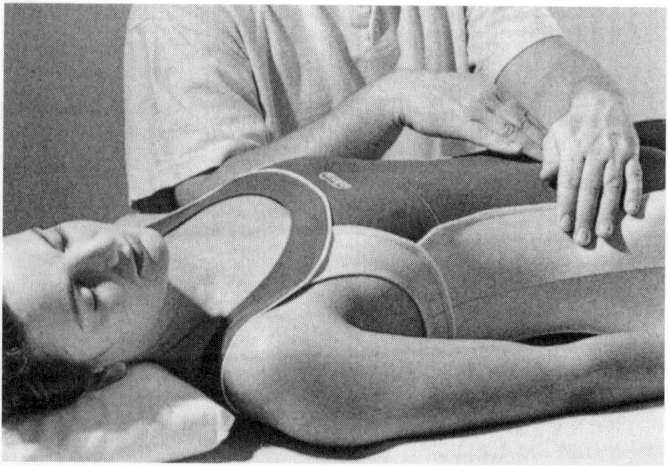

Die mentale Wirkung:
Stärkt das Vertrauen und die Selbstachtung, hilft bei Depression und Verwirrung.
Die Wirkung für höheres Bewusstsein und geistiges Wachstum:
Hilft zu akzeptieren, ohne das Bedürfnis zu kontrollieren; sorgt für innere Kraft und Stärke.

4. Vorderposition

Die Hände werden in etwa zehn Zentimetern Abstand über die Geschlechtsorgane gehalten oder die Handballen liegen auf den Beckenknochen auf und formen zum Schambein hin ein »V«. Die Finger berühren sich.
Die physische Wirkung:
Fördert den Abfluss der Giftstoffe durch die Lymphe, stärkt Dickdarm, Dünndarm, Blase, Eierstöcke, Gebärmutter und Prostata; hilft bei Migräne, Verstopfung oder Durchfall.
Die emotionale Wirkung:
Fördert sexuelle Gesundheit und Kreativität; befreit von Angst, Verschlossenheit und Gefühlsblockaden.

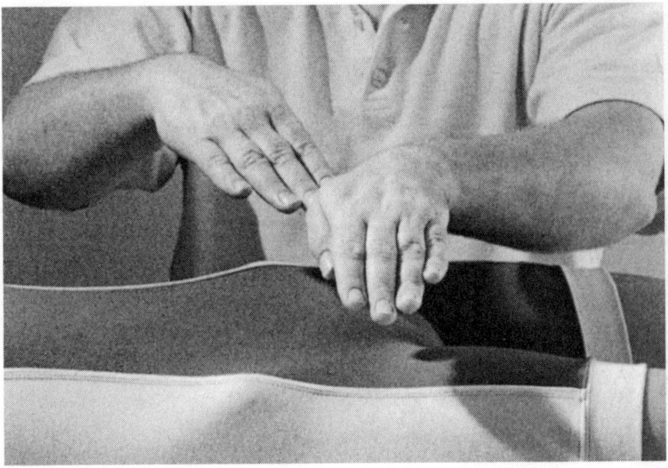

Die mentale Wirkung:
Lockert starres Denken und das Festhalten an alten Verhaltensmustern, fördert Flexibilität und Anpassungsfähigkeit.
Die Wirkung für höheres Bewusstsein und geistiges Wachstum:
Unterstützt die Bewusstseinserweiterung, führt zur Offenheit für universale Sichtweise.

Die Rückenpositionen

Für diese Positionen dreht sich der Reiki-Nehmende um und legt sich auf den Bauch. Der Reiki-Gebende steht oder sitzt bequem in Kopf- oder Schulterhöhe des Liegenden.

1. Rückenposition

Die Hände liegen in Herzhöhe auf den Schulterblättern und berühren sich leicht.
Die physische Wirkung:
Stärkt die Trapezmuskel und den Schulterbereich; hilft bei

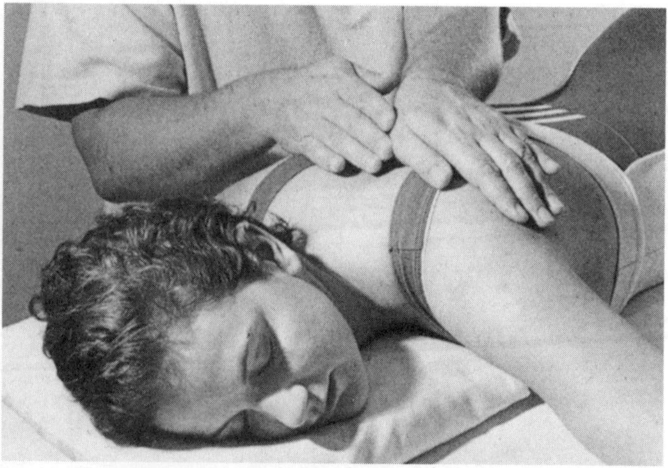

Nacken- und Wirbelsäulenbeschwerden. Eine gute Position bei Schwächungen des Nervensystems.
Die emotionale Wirkung:
Fördert Stressabbau, Entspannung und Selbstvertrauen.
Die mentale Wirkung:
Führt zu Ruhe, Sammlung und Stabilität.
Die Wirkung für höheres Bewusstsein und geistiges Wachstum:
Fördert heitere Gelassenheit, Flexibilität und Kommunikation.

2. Rückenposition

Die Hände liegen in Höhe des Solarplexus unterhalb der Schulterblätter.
Die physische Wirkung:
Wirkt auf Herz und Lunge, stärkt die Thymusdrüse (Immunsystem), den Kreislauf und den Lymphabfluss.
Die emotionale Wirkung:
Gibt Geborgenheit und Selbstvertrauen; fördert die Liebesfähigkeit vom Herzzentrum aus, wirkt gegen Wut, Groll, Eifer-

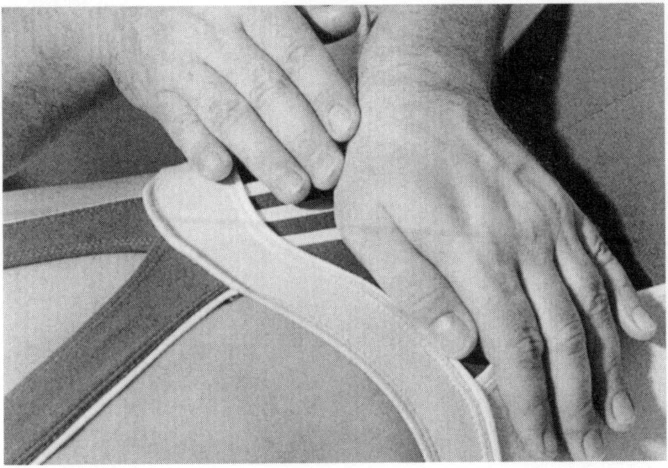

sucht und Feindseligkeit; hilft zu akzeptieren statt zu resignieren; fördert Vertrauen und baut Stress ab.
Die mentale Wirkung:
Für heitere Gelassenheit, Ruhe, Konzentration, Sammlung und Harmonie.
Die Wirkung für höheres Bewusstsein und geistiges Wachstum:
Fördert Freude, bedingungslose Liebe und das Verschmelzen der Herzen; sorgt für mehr Stabilität und Mitgefühl.

3. Rückenposition

Die Hände liegen auf den Nieren am unteren Ende der Rippen.
Die physische Wirkung:
Unterstützt Nieren, Leber, Magen, Gallenblase und die Verdauung bei ihren Ausleitungs- und Entgiftungsfunktionen.
Die emotionale Wirkung:
Für Angstabbau, Stressabbau und Entspannung.
Die mentale Wirkung:
Sorgt für Klarheit und Sammlung.

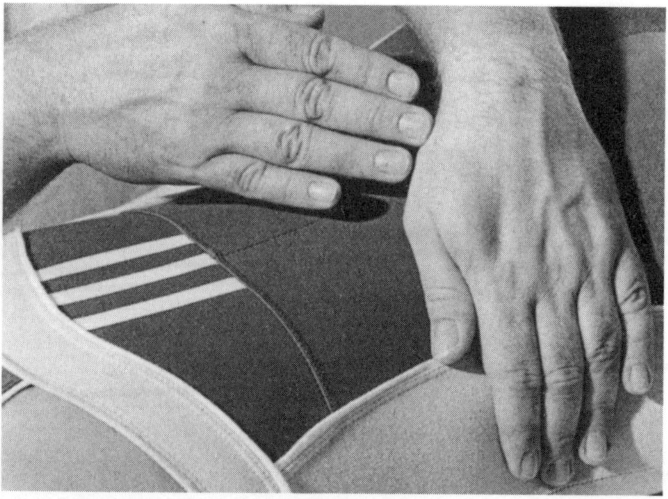

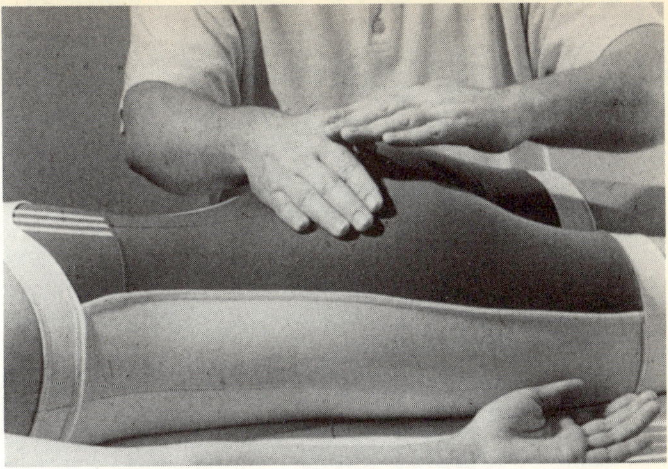

Die Wirkung für höheres Bewusstsein und geistiges Wachstum:
Fördert Ruhe, Heiterkeit und Offenheit für höhere Energie.

4. Rückenposition

Die Hände liegen am Ende der Wirbelsäule am Po-Ansatz.
Die physische Wirkung:
Kräftigt die untere Leber, Milz, Gallenblase, Bauchspeicheldrüse und den Zwölffingerdarm; stärkt das Urogenitalsystem, hilft bei Ischiasbeschwerden und Hämorrhoiden.
Die emotionale Wirkung:
Sorgt für Stressabbau, lindert Angst, Hysterie und Frustration. Gut bei stark ausgeprägtem Bedürfnis zu kontrollieren oder zu manipulieren; gibt Kraft und Selbstvertrauen.
Die mentale Wirkung:
Hilft bei Depressionen und mentaler Verwirrung; stärkt das Vertrauen und die Selbstachtung.
Die Wirkung für höheres Bewusstsein und geistiges Wachstum:
Hilft zu akzeptieren, ohne das Bedürfnis zu kontrollieren, fördert innere Kraft und Stärke.

Die Schlussposition

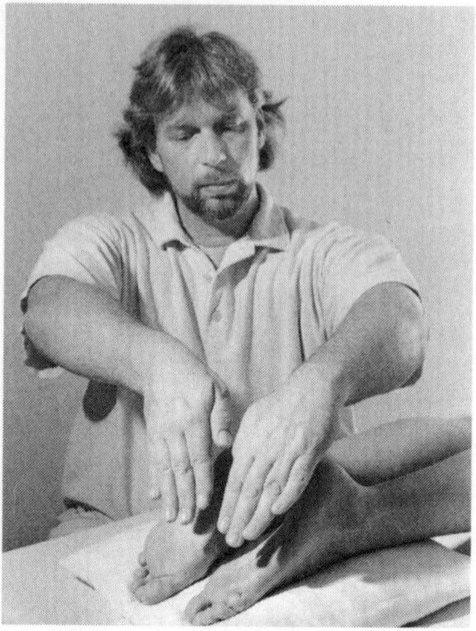

Beide Hände werden auf die Fußsohlen gelegt. Dies aktiviert die Fußreflexzonen, dient der Ausleitung und Entgiftung des Körpers und rundet die Sitzung ab. Danach wird die Aura glatt gestrichen: Mit beiden Händen streicht der Reiki-Geber in etwa dreißig Zentimetern Abstand vom Körper die Körperkonturen ab.

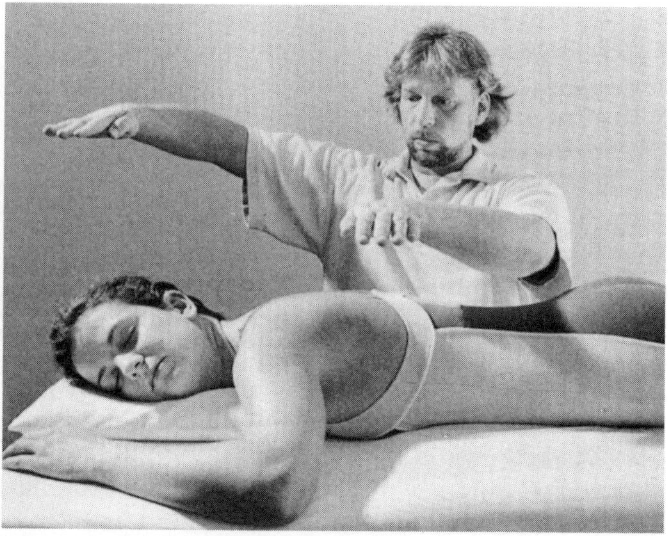

Kapitel 3

Reiki in der praktischen Anwendung

Reiki als Gruppenerfahrung

Eine Reiki-Sitzung, bei der mehrere Behandler gleichzeitig an einem Klienten arbeiten, ist eine sehr schöne Möglichkeit, die Freude und das Glück, ein Reiki-Kanal zu sein, mit anderen zu teilen. Viele Reiki-Therapeuten bieten Absolventen des ersten Reiki-Grades an, sich bei regelmäßigen Treffen gegenseitig zu behandeln und dabei Erfahrungen auszutauschen. Man kann sich dabei paarweise gegenseitig Sitzungen geben oder zu mehreren an einer Person arbeiten. Wenn die Gruppe einen Teilnehmer behandelt, wirkt die Reiki-Kraft intensiver und die Behandlungszeit verkürzt sich.

Manchmal kommen zu den Reiki-Treffen Leute, die einfach mal reinschnuppern wollen. Da bei solchen Gruppen meistens mindestens ein Reiki-Lehrer oder -Meister anwesend ist, kann der Neuling durch den Meister eine Kurzeinstimmung bekommen und dann auch einfach mitmachen.

Nach einer Behandlungseinheit ist es hilfreich, die Erfahrungen auszutauschen. Während ein Teilnehmer erzählt, sollten alle anderen mit ihrer ganzen Aufmerksamkeit zuhören. Sinn dieses Austauschs ist es, ein Klima herzustellen, in dem die Gruppe Einsichten und Lernerfahrungen aus diesen Situationen bekommt.

Eine weitere Möglichkeit, Reiki in der Gruppe auszuüben, ist der Reiki-Kreis. Die Teilnehmer stehen oder sitzen im Kreis voreinander. Eine Hand wird bei dem Vordermann auf den Rücken, in Herzhöhe, gelegt, die andere Hand liegt auf dem eigenen Herzen. Nun kann die Energie durch alle Teilnehmer hindurchfließen und allen ein Gefühl der Einheit vermitteln. Manche schwärmen auch von den so genannten »Marathons«, die bis zu vier Tagen dauern können. Es werden acht Stunden lang täglich Gruppen- und Eigenbehandlungen durchgeführt. Ein Marathon ist eine intensive Zeit für Selbsterfahrung.

Menschen gehen zusammen einen neuen Weg

Ein anderer, sehr schöner Aspekt solcher Reiki-Treffen ist die gegenseitige Unterstützung bei körperlichen oder seelisch-geistigen Reifeprozessen, die durch die Arbeit mit Reiki ausgelöst werden. Die Menschen, die in solchen Gruppen zusammenfinden, sind aus ganz unterschiedlichen Beweggründen gekommen. Manche in der Hoffnung, ihre Beschwerden lindern oder heilen zu können, manche, um Abstand zu Beziehungsproblemen zu finden, andere in der Absicht, Reiki in berufliche Ziele zu integrieren, wieder andere auf der Suche nach Gleichgesinnten. Ich habe die Beobachtung gemacht, dass alle Menschen, die bei einer solchen Gruppe mitmachen, bereit sind, sich zu verändern und mehr über sich zu erfahren. Menschen, die für Reiki-Erfahrungen offen sind, wollen auch die eigenen Schattenseiten erkennen und integrieren. Sie haben Spaß daran, ihre schlummernden Talente und Interessen zu entdecken und ihre intuitive Wahrnehmung zu trainieren. Wenn ich mit den Teilnehmern dieser Gruppen spreche, bekomme ich immer wieder von den beglückenden Erfahrungen zu hören, die diese Menschen machen. So stellen sich auf dem Weg zur Weiterentwicklung sehr oft »Synchronizitäten« ein: Sie sind immer öfter zur rechten Zeit am richtigen Ort. Es fällt ihnen auch leichter, eine Arbeit zu finden, die Freude und Spaß bringt. Auf seltsame, nicht zufällige Weise fühlt man sich immer öfter »im Fluss« mit dem Leben.

Auf der anderen Seite halte ich es in der heutigen, unsicheren Zeit für sehr wichtig, sich mit Gleichgesinnten zu verbinden, Freundschaften zu schließen und Gemeinsamkeiten zu leben. Viele Reiki-Interessierte treffen sich zum Beispiel auch zu Meditationen in dem Wissen, dass eine meditative Lebenshaltung unsere Verbindung zu höherem Wissen und Weisheit ist. Oftmals stellt sich auch heraus, dass diese Menschen ähnliche spirituelle Bücher lesen, sich für denselben geistigen Lehrer interessieren. Manche beginnen sogar, neue Formen des Zusammenarbeitens und Zusammenlebens zu entwickeln.
In Amerika hat die Reiki-Alliance, eine Reiki-Gruppierung, 1987 ein »Haus des offenen Herzens« gegründet. Es steht in Santa Fe, New Mexico. Dort behandelt man hauptsächlich Aidskranke. Man versucht, mit mehreren Gruppenbehandlungen pro Tag den Zustand der Klienten zu stabilisieren. Einige Reiki-Therapeuten arbeiten mit Krebspatienten. Hier können auch die Techniken des zweiten und dritten Reiki-Grades helfen.

Eine wahrhaft umfassende Art, sich durch Reiki mit anderen Menschen zu verbinden, umspannt die ganze Erde. Man spricht von einem »Licht-Netzwerk«. Überall auf der Welt beteiligen sich Menschen an diesem kraftvollen Energie-Werk für den Weltfrieden. Daran teilnehmen kann jeder, der den ersten Grad einer Reiki-Ausbildung genossen hat. Das Licht-Netzwerk findet in jedem Land um 12 Uhr mittags statt und dauert ungefähr fünfzehn Minuten. Man kann sich in jeder meditativen Haltung einfach »einklinken«, indem man sich geistig auf das Thema Weltfrieden einstimmt und fünfzehn Minuten lang meditiert. Viele Menschen legen bei dieser Übung eine Hand auf das Herz und die andere auf das Sonnengeflecht oder auf das Bauchchakra.

Die Behandlung von Kindern

Reiki kann die Entwicklung eines Kindes in allen Lebensphasen sehr positiv beeinflussen. Manche Eltern beginnen damit schon im Augenblick der Zeugung. Wenn ein Paar sich ein Kind wünscht, kann Reiki zur Förderung der Fruchtbarkeit eingesetzt werden. Mann und Frau geben sich gegenseitig Reiki-Behandlungen und energetisieren dabei die Fortpflanzungsorgane und das Wurzelchakra. Während die Hände in der vierten Vorderposition ruhen, kann man innerlich den Wunsch nach einem Kind formulieren und den Eierstöcken beziehungsweise Hoden den Wunsch mitgeben, entsprechend zu »arbeiten«.

Längst ist wissenschaftlich bestätigt, dass Pestizide und andere Umweltgifte die menschliche Fortpflanzungsfähigkeit beeinträchtigen können, denn Pestizide und andere Umweltgifte reduzieren die Qualität und die Anzahl der männlichen Spermien. Reiki kann hier unterstützend wirken, denn die entsprechenden Behandlungen können die Spermaproduktion anregen.

Eine der beglückendsten Arten, Reiki-Kraft zu schenken, ist es sicherlich, als Mutter oder Vater dem eigenen Kind Reiki zu geben. Eine werdende Mutter, die den ersten Reiki-Grad erworben hat, kann ihr Kind schon vor der Geburt mit Reiki »versorgen«, indem sie sich die Hände auf den Bauch legt. Wenn sie ihr Baby dann in den Armen hält, kann sie beim Streicheln immer Reiki mit einfließen lassen. Für einen neuen Erdenbürger sind gerade die Erfahrungen der ersten Wochen, Monate und Jahre äußerst prägend. Ein Mensch, der in dieser Zeit viel Liebe, Zuneigung und dazu noch Reiki bekommt, kann sich

glücklich entwickeln und wird diese Liebe ein Leben lang zurückgeben.
Aus dem Wissen heraus, dass es für jede Mutter eine wunderbare Bereicherung ist, ihrem Kind mit Reiki über die Widrigkeiten des Alltags hinweghelfen zu können, bieten einige Reiki-Lehrer Erster-Grad-Kurse mit Kinderbetreuung an.
Gerade im Baby- und Kleinkindalter gibt es täglich Situationen, in denen eine Mutter beruhigen und trösten muss. Wenn das Kind hingefallen ist, wenn es sich wehgetan oder sich verletzt hat, wenn es vor Bauchschmerzen schreit – immer verstärkt die Reiki-Kraft die Wirkung des »normalen« mütterlichen Trostspendens.
Auch als Einschlafhilfe hat sich die Kraft des Reiki sehr bewährt.

Selbst bei Krankheiten wirkt eine Reiki-Behandlung beruhigend und heilend. Natürlich ist es unumgänglich, in solchen Fällen einen Mediziner zurate zu ziehen, denn Reiki kann nicht die Behandlung durch einen Arzt ersetzen. Trotzdem hat diese Methode eine wichtige Funktion, indem sie die Selbstheilungskräfte stärkt, das Immunsystem unterstützt und die Angst- und Stressreaktionen des kindlichen Körpers herabsetzt. All dies sind wichtige Heil- und Genesungsfaktoren.

Wenn die Kinder etwas älter sind, schon in die Schule gehen und bereits mit Stress, Aggression und Leistungsdruck konfrontiert werden, können es sich die Eltern zur Angewohnheit machen, ihrem Kind öfter mal eine Reiki-Umarmung zu schenken: Nehmen Sie es einfach liebevoll in den Arm und lassen Sie dabei in Gedanken Reiki fließen.
Natürlich ist eine Reiki-Ganzbehandlung immer der beste Weg, einem Kind zu helfen, weil sie auf alle Bereiche und Ebe-

nen harmonisierend und energetisierend wirkt. Doch nicht immer haben Kinder die Geduld, eine Stunde lang ruhig liegen zu bleiben. Man sollte sie auch niemals dazu zwingen. In solchen Fällen ist es hilfreicher, zwischendurch immer wieder mal ein paar Kurzbehandlungen anzubieten oder bei einem Körperkontakt einfach einfließen zu lassen.

Hier ein paar Tipps:

Bei nachlassender Aufmerksamkeit oder wenn das Kind sich in Nebensächlichkeiten »verzettelt«, hilft die erste Kopfposition.
Für Kreativität, gute Laune und Ideenreichtum sorgen alle vier Kopfpositionen.
Bei Depressionen und Niedergeschlagenheit kann man alle vier Kopfpositionen mit der dritten Vorder- und Rückenposition kombinieren.
Eine schöne Anti-Stress-Übung: Lassen Sie bei dem Kind eine Hand über dem Dritten Auge schweben und legen Sie die andere Hand auf das Sonnengeflecht. Wenn Sie diese Übung täglich anwenden, wird Ihr Kind sehr bald mit mehr Ruhe in den Alltag gehen. Vor allem nervöse Kinder, die sich schlecht konzentrieren können, profitieren davon.

Wer den in Kapitel 6 beschriebenen Zweiter-Reiki-Grad-Kurs absolviert hat, kann seinem Kind auch mithilfe der »Mentaltechnik« eine Fernbehandlung zukommen lassen. Diese Technik empfiehlt sich für alle Gelegenheiten, in denen man nicht selbst anwesend sein kann. Zum Beispiel, wenn das Kind ins Krankenhaus muss oder wenn eine schwierige Klassenarbeit ansteht.

Für größere Kinder bieten manche Reiki-Therapeuten sogar eigene Erster-Grad-Seminare an. Damit können sich schon

Siebenjährige in den verschiedensten Situationen selbst helfen. Ein Beispiel: Wenn ein Kind sich frustriert fühlt, wenn es wütend ist oder Angst hat, kann es auf diese Art und Weise lernen, in sich hineinzuspüren und genau zu orten, wo im Körper diese Empfindungen sitzen. An dieser Stelle lernt es, die Hände aufzulegen. Wenn sich dann wie durch ein Wunder die negativen Gefühle in positive verwandeln, fühlen sich die Kinder immer wieder erleichtert und sehr stolz, sich schon ganz alleine helfen zu können.
Kinder sind eine neue Generation, sie schreiben nach uns die Weltgeschichte. Ihnen das Rüstzeug für einen liebevollen Umgang mit sich und ihrer Umwelt mitzugeben, ist eine unserer größten Aufgaben.

Die Behandlung von Tieren

Jedes Tier kann Reiki aufnehmen und genießen. Wer Haustiere hat, weiß genau, wie sehr ein Tier, das an den Menschen gewöhnt ist, auf Zuwendung und Streicheleinheiten seines Herrchens oder Frauchens angewiesen ist. Wenn Reiki-Kraft fließt, wird die liebevolle Zuwendung intensiver. Auch wenn es einem Tier schlecht geht, können wir ihm sehr gut mit Reiki helfen. Tiere haben genau wie wir Menschen auch Energiezentren. Bei Säugetieren liegen die Organe etwa an den gleichen

Durch Reiki-Behandlungen kann sich sogar ein vorher nicht so gutes Verhältnis zwischen einem Menschen und einem Tier in eine Freundschaft verwandeln. In ländlicher Gegend zieht so ein liebevolles Energiefeld zwischen Mensch und Tier häufig Tiere aus der Nachbarschaft an. Selbst wilde Tiere können mitunter die Nähe einer solchen Umgebung suchen.

Stellen wie bei uns. Mittlerweile gibt es Tierärzte und Tierheilpraktiker, die mit der Reiki-Kraft arbeiten. In Amerika gibt es sogar Haustierpsychologen, die gestresste Tiere unter anderem durch Handauflegen entspannen.
Kleinere Tiere wie Meerschweinchen, Hamster, Mäuse und Vögel behandeln wir, indem wir unsere Hände über sie halten. Wir können sie aber auch ganz vorsichtig in unsere Hände nehmen und Reiki fließen lassen. Größeren Haustieren wie Hunden, Katzen, Schafen, Ziegen, Schweinen, Kühen und Pferden legen wir als Erstes die Hände hinter die Ohren. Danach beginnen wir weitere Körperpartien zu behandeln. Die Hände können auch auf schmerzende Stellen gelegt werden, aber Vorsicht: Nicht direkt mit den Händen auf offene Wunden! Lassen Sie bei Verletzungen die Hände über der betreffenden Stelle schweben. Um Fische zu behandeln, hält man einfach die Hände an das Aquarium.

Die Behandlung von Pflanzen

Das Leben der Menschen wäre ohne Pflanzen nicht möglich. Als bewusst lebender Mensch sollte man die Rolle der Pflanzen im ökologischen Gleichgewicht anerkennen und achten. Reiki ist ein gutes Hilfsmittel dafür. Grundsätzlich können alle Pflanzen und alle Pflanzenteile wie Wurzeln, Stamm, Äste, Blätter, Blüten und Samen behandelt werden. Ebenso wie Tiere spüren, ob man sie mag, sind auch Pflanzen empfänglich für gute energetische Schwingungen.
Überall auf der Welt gibt es Menschen, unter deren Händen Pflanzen besonders gut wachsen und gedeihen. Man sagt diesen Menschen nach, sie hätten eine »gute Hand« für Pflanzen oder einen »grünen Daumen«. Pflanzen haben sogar ein Schmerzempfinden und eine eigene Art von Erinnerungsvermögen. Man hat erforscht, dass ein Baum, der an der Reihe ist, gefällt zu werden, zu zittern anfängt, sobald sich der Holz-

fäller nähert. An anderen Tagen, an denen der Holzfäller im selben Waldstück arbeitet, zittert der Baum nicht. Eigentlich sollte jeder Mensch, der Reiki anwendet, die Reiki-Kraft auch an Pflanzen ausprobieren.
Am besten beginnt man damit bei den Zimmerpflanzen. Hier gibt es verschiedene Möglichkeiten:

- Das Gießwasser mit Reiki aufladen. Dadurch wird den Pflanzen Energie über das Wasser zugeführt. Nehmen Sie die Gießkanne in beide Hände und konzentrieren Sie sich auf den Gedanken, das Wasser energetisch aufzuladen.
- Die Wurzeln energetisieren. Hierfür nimmt man den Pflanzentopf zwischen die Hände.
- Blätter und Zweige »aufladen«: Halten Sie die Hände in Blatt- und Zweighöhe.

Jede Position etwa fünf Minuten halten.

Auch Schnittblumen kann man übrigens mit Reiki behandeln. Damit bleiben sie wesentlich länger frisch. Nehmen Sie die Vase einfach ein paar Minuten zwischen beide Hände.
Viele Menschen bezeichnen die Energetisierung von Pflanzen mit Reiki als Humbug. Das können Sie aber mit einem einfachen Test widerlegen:
Kaufen Sie zwei gleich alte Pflanzen und topfen Sie sie zur gleichen Zeit ein. Dann wählen Sie eine der beiden Pflanzen aus, der Sie zusätzlich zur normalen Pflege Reiki geben. Sie werden sich über das Ergebnis wundern.
Im Freiland kann mit den Techniken aus dem Zweiter-Reiki-Grad-Kurs gearbeitet werden. Ein andere Möglichkeit: Sie gehen von Pflanze zu Pflanze, breiten die Arme und Hände aus und lassen so die Energie fließen. Bei Bäumen umspannen Sie den Stamm, damit Reiki in dessen Versorgungssystem einfließen kann. Je nach Zeit, Lust und Laune können Sie auch eine Baum-Meditation anschließen.
Samen und Setzlinge werden am besten in den Verpackungen

behandelt. Nehmen Sie dazu die Verpackung in die Hand und geben Sie Reiki, indem Sie sich vorstellen, dass Reiki-Kraft fließt.

Auch bei Schädlingsbefall kann Reiki weiterhelfen. Wenn Pflanzen von Schädlingen heimgesucht werden, liegt eine Störung des Systems vor. Durch Reiki erhöht sich die Lebenskraft der Pflanze und die Schädlinge verschwinden. Breiten Sie die Hände über die Pflanze und lassen Sie in Gedanken Reiki fließen.

Ähnlich wie für vom Aussterben bedrohte Tiere können Sie sich auch für bedrohte Pflanzenarten oder den Regenwald einsetzen, indem Sie sich geistig darauf einstimmen und Reiki senden. Auch hierfür ist die beste Zeit die des »Licht-Netzwerks« um 12 Uhr mittags.

Die Behandlung von Nahrungsmitteln

»Liebe geht durch den Magen«, sagt uns ein altes Sprichwort. Mit Liebe gekochte Speisen schmecken einfach besser, denn Liebe ist die höchste Form von Energie. Mit der Reiki-Energie können wir Nahrungsmittel vitalisieren und energetisieren. Damit machen wir das Essen bekömmlicher und »entschärfen« zur Not auch schädliche Substanzen.
Zwei Beispiele: Es kommt immer wieder vor, dass man keine Zeit oder Gelegenheit hat, auf seine Ernährung zu achten und in einem Fast-Food-Restaurant landet. Auch bei Fernreisen bekommt man häufig Speisen vorgesetzt, die ungewohnt für den Europäer sind. Halten Sie in solchen Fällen einfach Ihre Hände über den Teller und laden Sie das Essen mit Reiki auf. Nach Beendigung des Mahls legen Sie die Hände zur besseren Verdauung auf den Bauch.

Auch Getränke können Sie mit der Reiki-Kraft energetisch verfeinern. Halten Sie nur zur Probe Ihre Hand einmal über ein Glas guten Weins: Er wird Ihnen noch besser munden. Aber Vorsicht: Billiger Wein kann sich durch Reiki in Essig verwandeln!

Reiki und Heilberufe

Die Reiki-Energie kann alle Menschen, die in Heilberufen tätig sind, auf eine ganz wunderbare Art in ihrem Wirkungsbereich unterstützen. Grundsätzlich kann bei jeder Beschäftigung mit Menschen Reiki fließen.
So werden zum Beispiel Masseure, die während einer Massage gleichzeitig mit der Reiki-Kraft behandeln, von ihrer Arbeit nicht so schnell ausgelaugt. Besonders Krankenschwestern und Ärzte, die sich bei ihrer täglichen, aufopferungsvollen Arbeit manchmal regelrecht »wie ausgesaugt« fühlen, weil kranke Menschen ihrer Aura Lebenskraft entziehen, können sich mit dem zweiten Reiki-Grad davor schützen.

Reiki-Therapeut als Beruf

Hier noch eine wichtige Bemerkung für den Fall, dass Sie Reiki-Arbeit beruflich nutzen wollen. Wenn Sie einen Heilberuf erlernt haben, ist diese Methode eine hervorragende Ergänzung für Ihre Tätigkeit. Anders, wenn Sie als Reiki-Behandler ohne Ausbildung in einem Heilberuf arbeiten wollen. In diesem Fall dürfen Sie keine Krankheiten behandeln. Das immer noch gültige Heilpraktikergesetz aus dem Jahre 1939 besagt, dass nur der Arzt oder der Heilpraktiker Krankheiten behandeln oder heilen darf. Gegen das Beraten von Menschen oder das Lehren von Entspannungstechniken hingegen kann keiner etwas einwenden. Auch wenn Sie als Reiki-Meister oder -Lehrer Reiki-Seminare abhalten, verstößt dies nicht gegen das Heilpraktikergesetz.

Kapitel 4

Reiki in der Partnerschaft

Die eigenen Muster erkennen und auflösen

Wenn wir die Schule und das Elternhaus verlassen, nehmen wir mit dem angelernten Wissen auch einige Verhaltensmuster und Lebensgrundsätze mit, die uns daran hindern, zu erkennen, wo es uns innerlich wirklich hinzieht und welches unsere eigentliche Lebensaufgabe ist. Als bewusst lebende Menschen sollten wir uns aber von möglichst vielen falschen, von außen aufgepfropften Maximen befreien. Unser Ziel sollte es sein, so zu leben, wie es unserer inneren Überzeugung nach richtig und erstrebenswert erscheint. Erst dann nämlich sind wir in der Lage, den richtigen Partner zu finden und mit ihm gemeinsam unsere Lebensaufgaben anzupacken.
Ein Leben zu zweit ist nicht einfach. Immer wieder wird ein Paar mit Stolpersteinen konfrontiert – mit Krankheiten, Abhängigkeiten, Sex- und Beziehungsproblemen, Stress und seelischen Krisen. Nicht immer gelingt es uns, solche Krisen als Wachstumschancen zu verstehen, anzunehmen und zu nutzen. Doch mittlerweile gibt es in jeder kleineren und größeren Stadt öffentliche Paar- und Familienberatungszentren und eine Menge privater Therapieeinrichtungen, an die man sich in seelischen Notlagen wenden kann. Auch Reiki-Therapeuten können in Zeiten seelischer Krisen wertvolle Hilfe leisten. Reiki-Ganzbehandlungen sind in der Lage, einem Menschen in der Beziehungskrise genau den Schub an Energie zu geben, den er braucht, um aus negativen Gedanken auszubrechen und neue Verhaltensmuster in der Partnerschaft auszuprobieren.

Reiki und Meditation

Therapie alleine genügt aber nicht, wenn wir uns persönlich weiterentwickeln wollen. Der nächste Schritt heißt Meditation, denn nur dabei kommt der Verstand zur Ruhe. Auch als Einstimmung zur Meditation ist eine Reiki-Sitzung geeignet. Sie hilft, die Gedanken zu beruhigen. Doch erst in dem Moment, wo der Gedankenapparat still ist, betritt unser innerstes Sein jenen Raum, den wir »Seele« nennen. Erst wenn wir unsere Seele entdeckt haben, sind wir zu Hause angekommen. Man nennt diesen Zustand auch »innerer Zeuge sein«. Wenn wir öfter meditieren, beginnen wir automatisch, dieses Zeugesein in den Alltag zu integrieren. Mit der Zeit können wir Menschen und Begebenheiten viel besser mit Gelassenheit und Distanz begegnen. Wir hören auf, Menschen zu bewerten oder gar zu verurteilen. Wir können alles, was auf uns zukommt, ohne Vorurteile annehmen und angemessen aus der Mitte heraus darauf reagieren.

Übungen für mehr Harmonie zu zweit

Reiki bietet sehr viele, schöne Möglichkeiten, dem Partner einmal ganz anders zu begegnen – spielerischer, kreativer. Reiki kann zärtlichen Momenten eine neue Dimension geben, mit Reiki können Liebende ihr erotisches Zusammensein auf unvergessliche Art »zelebrieren«. Ein Beispiel, das Sie inspirieren könnte:

Verzaubern Sie Ihr Schlafzimmer in einen Palast aus Tausendundeiner Nacht. Verhüllen Sie Möbel und Wände mit bunt glitzernden Tüchern, verwandeln Sie das Bett in einen Diwan mit Kissen und Decken und stellen Sie auf einem Tischchen ein duftendes Massageöl, einen guten Wein, etwas Obst und le-

ckere Knabbereien bereit. Zünden Sie ein Meer von Kerzen an und stimmen Sie sich mit sinnlich duftenden ätherischen Essenzen aus der Aromalampe ein. Machen Sie sich schön für einen betörenden Abend mit dem Partner oder der Partnerin. Tanzen Sie miteinander und lassen Sie sich von den Klängen der Musik davontragen.
Danach bitten Sie Ihren Partner, sich hinzulegen, und beginnen, ihn mit langen Streichbewegungen einzuölen und zu massieren. Die Hände verweilen dabei immer wieder auf verschiedenen Reiki-Positionen. Lassen Sie sich Zeit füreinander. Danach ist der andere an der Reihe, Sie mit Reiki zu verwöhnen ...

Mit Reiki den Alltag verschönern

Paare, die sich zwischendurch immer wieder gegenseitig Reiki-Sitzungen geben, beginnen automatisch, anders miteinander umzugehen. Sie fassen sich häufiger spontan an, sind respektvoller miteinander und kreativer. Sie gehen spontan »verrückten« Ideen nach. Paare, die Reiki mögen, entwickeln auch einen Sinn für andere Beschäftigungen, die sie in Harmonie mit sich und dem anderen bringen. Sie nutzen die inspirierende Ruhe und Kraft der Natur, um zu meditieren, Sport zu treiben, zu malen oder zu wandern.

Reiki macht offen für neue Experimente

Wenn zwei Menschen Reiki in ihr Leben integrieren, beginnen sie fast immer, sich auch für die damit verbundenen Reiki-Grundsätze und die dahinter stehende Philosophie zu interessieren. Dies ist oft der erste Schritt in eine neue Erfahrungswelt. Auf diese Art hilft Reiki Paaren, gemeinsam aus dem grauen Beziehungseinerlei auszubrechen und sich mehr Mühe zu geben, den Alltag interessanter zu gestalten. Manche Paare erleben dies, als würden sie sich neu ineinander ver-

lieben. Sie gönnen sich öfter einen tollen Abend zu zweit, gehen in besonderer Abendgarderobe gepflegt zum Essen und wagen danach auch mal ein Tänzchen.
Menschen, die Reiki in ihre Partnerschaft integrieren, können ihrem Partner besser zeigen, dass sie ihn schätzen. Sie pflegen ihre Beziehung wie einen schönen Garten.

Kapitel 5

Beruf und Karriere

Den Idealberuf finden

Viele Menschen üben ihren Beruf nur aus, um damit Geld zu verdienen, und verlegen ihre eigentlichen Interessen ins Privatleben. Wenn man bedenkt, wie viele Stunden man bei der Arbeit und wie viele in der Freizeit verbringt, dann steht die Kür in krassem Missverhältnis zur Pflicht. Kein Wunder, wenn sich mit der Zeit ein vages Unwohlsein einstellt. Das kann doch nicht alles gewesen sein – oder?

Wer sich mit Reiki beschäftigt, kommt auch den Ungereimtheiten seines Berufslebens schneller auf die Schliche. Die Kraft und Vitalität aus den Reiki-Sitzungen geben ihm nicht nur Einsicht, sondern auch Mut und Kraft, notwendige Veränderungen anzugehen. Mag sein, dass man immer gespürt hat, dass etwas nicht stimmt. Doch jetzt plötzlich weiß man, was man zu tun hat, und leitet die ersten Schritte ein.

Ich kenne eine Menge Leute, für die Reiki der Auslöser war, beruflich endlich neue Wege zu gehen. Sie machten eine Ausbildung zum Heilpraktiker und stiegen in die therapeutische Arbeit ein, andere hatten plötzlich den Mut, sich künstlerisch auszudrücken und, wenn auch nebenberuflich, die Tätigkeit anzustreben, von der sie immer geträumt hatten. Es tut ja nichts zur Sache, dass man nicht immer mit dem Traumberuf auch gleich sein Leben bestreiten muss. Es gibt eine Menge Schauspieler, Schriftsteller, Heilpraktiker – und Reiki-Behandler, die sich zwischendurch immer wieder mit anderen Zusatzjobs über Wasser halten. Aber auch diese Jobs haben ihren Sinn und Zweck. Einen Idealberuf zu finden heißt akzeptieren, dass der Weg dorthin Lernaufgaben bereithält. Erst wenn wir diese erfüllt haben, schält sich unsere Lebensaufgabe heraus. Dann leben wir unsere Berufung.

Kampf um Energie im Berufsleben

Menschen, die sich mit Reiki beschäftigen, beginnen sich auch auf anderen Ebenen mit dem Thema Energie auseinander zu setzen. Sie werden sensibler für die unterschiedlichen energetischen Ausstrahlungen anderer und nehmen damit auch Stimmungen, die »in der Luft liegen«, deutlicher wahr. Gerade in hierarchisch geführten Betrieben oder Büros, in denen es Vorgesetzte und Untergeordnete, Teams und Projektgruppen, Aufsteiger und Absteiger gibt, befinden sich die Menschen zumeist in einem energetischen Wettstreit. Vom Standpunkt der Energie aus betrachtet, geht es bei betrieblichen Auseinandersetzungen immer darum, dem anderen möglichst viel Energie abzugraben, um selbst einen Gewinn daraus zu ziehen. Wer mehr Energie als der andere hat, ist der Überlegene.

Doch das lässt sich der Unterlegene nicht gerne gefallen. Er muss nun von anderen Menschen die Energie abzapfen, um sein energetisches Loch wieder aufzufüllen.

Psychologen, die dieses manipulierende Spiel entlarvt haben, unterscheiden zwischen verschiedenen Psycho-Strukturen:

- *Das Opfer:* Es verhält sich passiv und sieht alles negativ. Schuld sind immer die anderen. Der Opfertyp beklagt sich bei anderen und bringt sie dazu, ihn zu bemitleiden, aufzubauen oder zu beschwichtigen. Aus der Aufmerksamkeit und dem Mitgefühl seiner Mitmenschen zieht das Opfer seine Energie.

- *Der Distanzierte:* Er gibt sich gerne unnahbar und zwingt seine Mitmenschen, ihm hinterherzulaufen, wenn sie etwas von ihm wollen. Auf konkrete Fragen oder Bitten bekommt man vom Distanzierten stets ausweichende Antworten. Dieser Mensch bringt andere immer dazu, sich um ihn zu bemühen. Daraus zieht er seinen Energiegewinn.
- *Der aggressive Kritiker:* Er beschäftigt sich permanent mit dem Aufdecken von Fehlern der anderen, er schafft ein Klima der Unsicherheit und stellt seine Opfer bloß. Um ihn herum sind alle angstvoll bemüht, alles richtig zu machen. Aus dieser Angst gewinnt er seine Kraft.
- *Der Unberechenbare:* Dieser Mensch ist streitlustig und explosiv. Er gewinnt Aufmerksamkeit und Energie, indem er seine Umgebung mit seinen plötzlichen, emotionalen Ausbrüchen einschüchtert.

Wenn man sich diese Zusammenhänge einmal bewusst macht und auch seine eigenen Spielchen dabei entdeckt, ist man bereits den ersten Schritt gegangen. Kein Mensch hat das Recht, einem anderen die Energie zu rauben. Aus diesem Grunde ist es die Pflicht eines jeden von uns, seine Energie bei sich selbst zu suchen. Ein Mensch, der an seine eigenen Energiequellen angeschlossen ist, hat es nicht mehr nötig, andere anzuzapfen. Damit erübrigen sich alle manipulierenden Verhaltensweisen. Energetisch ausgeglichene Menschen brauchen andere nicht zu kontrollieren, schlecht zu machen oder zu übervorteilen.

Reiki als Unterstützung im Arbeitsalltag

Im täglichen Berufsleben ist es wichtig, sich zwischendurch kleine Entspannungspausen zu gönnen. Egal, was man tut, ob man im Freien, in der Halle, im Geschäft, im Büro, in der Luft, auf dem Wasser oder in der Erde arbeitet – überall ist es möglich, einmal abzuschalten. Machen Sie sich für ein paar Minuten unerreichbar. Wenn Sie in einem Büro arbeiten, heben Sie den Telefonhörer ab oder hängen Sie ein Schild »Bitte nicht stören« an die Tür.

Hier ein paar Vorschläge:

Atmen Sie erstmal richtig durch und strecken Sie sich dabei in alle Richtungen. Beide Hände legen Sie nun erst einige Minuten lang aufs Herz, dann auf die Schultern. Danach können Sie ein paar gymnastische Übungen anschließen.

Auch wenn es im Job darum geht, schwierige Situationen zu meistern, kann die Reiki-Kraft hervorragende Dienste leisten:

- Der Chef ruft Sie – ein unsicheres Gefühl macht sich breit. So bekommen Sie einen klaren Kopf:
  Nutzen Sie die zweite und dritte Kopfposition sowie die zweite, dritte und vierte Vorderposition.
- Stress und Hektik überall. Sie müssen jetzt unbedingt Kraft tanken:
  Behandeln Sie sich mit der ersten, zweiten und dritten Kopfposition und mit der ersten, zweiten und dritten Vorderposition.
- Sie wollen eine Gehaltserhöhung und wollen sich auf das Gespräch mit dem Chef vorbereiten:
  Die erste, zweite und vierte Kopfposition sowie die erste, zweite und dritte Vorderposition sind jetzt nützlich.
- Eine wichtige Konferenz steht an. Sie sind nervös:
  Behandeln Sie sich mit allen vier Kopfpositionen und mit der zweiten und dritten Vorderposition.
- Sie haben sich geärgert und wollen den Ärger nicht unkontrolliert rauslassen:
  Nutzen Sie alle Kopfpositionen und alle Vorderpositionen.

Stressmanagement

Therapien gegen Stress sind groß in Mode. Im Laufe der letzten Jahre wurden wir mit einer Flut von Techniken und Methoden zum Abbau innerer und äußerer Spannungen überschüttet. Wer beruflich auf sich hält, nimmt an Anti-Stress-Seminaren teil oder lässt wenigstens in Urlaub und Freizeit regelmäßig die Seele baumeln. Bei den meisten Entspannungsübungen, die in Gruppen und Seminaren angeboten werden, spielt Reiki eine Rolle, auch wenn man sich dessen gar nicht bewusst ist. Ohne sie zu benennen, bauen viele Therapeuten einfach Reiki-Übungen in ihre Seminare mit ein.

Reiki ist eine der einfachsten und doch hervorragend wirksamen Therapien, die jeder überall ausüben kann. Übernehmen auch Sie die Verantwortung für Ihre Gesundheit, tun Sie etwas für sich! Nicht zuletzt weil die Krankenkassen immer weniger Rehabilitationsmaßnahmen zahlen, sind wir aufgefordert, der vorbeugenden Gesunderhaltung mehr Aufmerksamkeit zu schenken.

Entscheidungsträger in höheren Positionen, die viel Verantwortung tragen, haben längst erkannt, dass eine entspannte Lebenshaltung die wichtigste Basis ist, um die Geschicke eines Betriebs souverän leiten zu können. Um kreativ und flexibel zu bleiben, sind viele Menschen in leitender Funktion dazu übergegangen, sich regelmäßig zu entspannen. Manche von ihnen machen Yoga, andere haben die Meditation für sich entdeckt. Nur einige Minuten gedankliche Stille am Tag erzielen einen unglaublichen Effekt. Die Wahrnehmung verändert sich, Stresszustände werden abgebaut, tiefe Entspannung ist spürbar. Ständig wiederkehrender Gedankenmüll wird über Bord gespült. Plötzlich wendet sich der Blick den wirklich wichtigen Dingen im Leben zu. Interessanterweise nehmen sich sehr viele Chefs Zeit für ihre Familie und ihren Freundeskreis.

Kapitel 6

Der zweite Reiki-Grad

Das Einstimmungsritual

Wer den ersten Reiki-Grad abgeschlossen hat, sollte mit dem Gelernten mindestens drei Monate lang Erfahrungen sammeln, bevor er die Ausbildung im zweiten Grad macht. Auch möchte ich hier nochmals betonen, dass das Handwerkszeug des ersten Grades völlig für Reiki-Behandlungen ausreicht. Wer seine Fähigkeiten erweitern möchte, dem eröffnen sich beim zweiten Grad allerdings ungeahnte neue Möglichkeiten. Man lernt, Menschen zu behandeln, die nicht anwesend sind, ebenso Räume zu reinigen und vieles mehr. Die Lerninhalte von Reiki II konzentrieren sich im Wesentlichen auf geistige und unsichtbare Phänomene.
Die Einstimmung in den zweiten Reiki-Grad verläuft ähnlich wie die in den ersten Grad. In leicht abgewandelter Form vollzieht der Reiki-Lehrer an jedem einzelnen Seminarteilnehmer Rituale mit Reiki-Symbolen und Mantras, Wörtern, die eine bestimmte Kraftwirkung haben. Ziel dieser energetischen »Aufladung« ist es, bei den Schülern einen weiteren spirituellen Bewusstseinsschub auszulösen. Diese Einstimmung unterscheidet sich sowohl von der Qualität als auch von der Quantität der Einstimmungen des vorhergehenden Kurses.
Bei den Ritualen zum ersten Grad wird der Reiki-Kanal des Teilnehmers geöffnet, wodurch ihm fortan universelle Energie zur Verfügung steht. Außerdem hebt der erste Grad die Energie des physischen Körpers auf eine neue Ebene. Die Einstimmung in den zweiten Grad hingegen wirkt direkt auf den

Ätherkörper und stimuliert das Dritte Auge, das bekanntlich das Energiezentrum der Intuition ist. In unserer Zeit wird es immer wichtiger, seine Intuition zu schulen und sich bei Entscheidungen davon leiten zu lassen.
Inhaltlich lernt der Kursteilnehmer mit dem zweiten Reiki-Grad verschiedene Techniken, mit denen er auch im nicht-physischen Raum arbeiten kann. Im Wesentlichen geht es um die Bedeutung und Wirkung von drei Kraftsymbolen und um den Umgang damit.

Das Wirken der kosmischen Symbole

Wenn wir akzeptieren, dass die Wirklichkeit über das hinausgeht, was wir mit unseren Sinnen wahrnehmen, können wir uns dem Wesen von Symbolen öffnen. Ein Kraftsymbol ist ein Zeichen, das Energie ausstrahlt. Jedem der drei Symbole ist ein Mantra zugeordnet. Ein Mantra besteht aus bestimmten Wortsilben, deren Aussprechen energetisch wirkt. Zusammen mit dem Symbol kann es sehr vielseitig eingesetzt werden. Hier einige Beispiele.
Die Energiereinigung: Dazu wird das erste Kraftsymbol und Mantra erlernt. Wann immer man sich in einem Raum nicht richtig wohl fühlt, kann man Wände, Ecken, Boden und Decke energetisieren und alles Negative und Belastende auflösen oder in Gedanken durch das geöffnete Fenster hinaustreiben. Die Reinigung der Räume von schlechten Energien kennt man seit Jahrhunderten. Heute ist das Abbrennen von Räucherwerk schon wieder in Mode. Manche Menschen hängen auch verschiedene Gegenstände in bestimmte Winkel des Hauses, in einigen Regionen wirft man Zweige bestimmter Pflanzen ins Feuer und hofft auf die reinigende Kraft des Rauches. Esoterische Wissenschaften wie die Geomantie oder Feng Shui beschäftigen sich mit Energien in Räumen oder Erdstrahlen und Wasseradern.

Die Energetisierung: Ebenfalls mit dem ersten Kraftsymbol und Mantra können wir Pflanzen und Nahrungsmittel verstärkt energetisieren.
Die Affirmationsbox: Damit kann man Ziele und Vorhaben unterstützen. Man schreibt wichtige Dinge, die es zu erreichen gilt, auf einen Zettel und schreibt darauf auch das erste Symbol. Das Ganze kommt dann in eine Box, die man verschließt und zwischen die Hände nimmt. Dabei wird das Mantra gesprochen. So kann Energie kreiert werden, die unterstützend wirkt.
Die Energetisierung von Menschen: Wenn wir einem Menschen viel Energie geben wollen, können wir ihm das erste Symbol mit Mantra jeweils zehnmal auf alle vier Körper- und Kopfseiten geben.

Die Mentalbehandlung

Für diese Behandlung benutzt man die zweite und dritte Kopfposition und das erste und zweite Kraftsymbol mitsamt den dazugehörigen Mantras.
Das erste und das zweite Symbol zusammen sind ein äußerst wirksamer Schutz auf Reisen. Im Flugzeug, im Bus oder im Auto kann dieses Schutzsymbol bei allen auftretenden Schwierigkeiten eingesetzt werden. Auch wenn man nachts mit dem Fahrrad auf einer schlecht beleuchteten Straße entlangfährt, schützt dieses Symbol.

Durch die Mentalbehandlung rücken den behandelten Menschen manche Situationen plötzlich stärker ins Bewusstsein, sie werden sich also einiger Dinge deutlicher bewusst. Dies ist ein gutes Zeichen auf dem Weg zu seelischer Heilung, denn erst wenn ins Unterbewusste abgedrängte

Probleme im Wachbewusstsein auftauchen, können sie gelöst werden. Alles in allem hilft diese Behandlung also, uns von altem Unrat zu reinigen. Damit rücken wir unseren eigentlichen Lebensvisionen und Zielen näher. Natürlich macht sich so ein Bewusstwerden auch bei körperlichen Krankheiten positiv bemerkbar – zum Beispiel wenn man sich über die seelischen Anteile der Symptome im Klaren ist.

Mentalbehandlung ist vor allem bei psychischen Problemen sinnvoll. Dabei liegt eine Hand auf der Stirn und die andere auf dem Hinterkopf. Wenn sich die Gedanken fortwährend im Kreis drehen, kann man damit zur inneren Klarheit zurückfinden. Auch die Auflösung alter Verhaltensmuster wird damit unterstützt.
Wenn ein Reiki-Meister eine Einzelsitzung gibt, ist die Mentalbehandlung übrigens zumeist Bestandteil seiner Behandlung.

Fern-Reiki: Überwinden von Zeit und Raum

- Mit dem dritten Symbol und Mantra können wir die Reiki-Kraft sogar in die räumliche und zeitliche Ferne senden. Bei der Reiki-Fernbehandlung kann mit allen drei Symbolen gearbeitet werden. Wenn der Behandler einem Menschen zum Beispiel bei Krankheit, Prüfungsangst oder in einer Lebenskrise Kraft senden möchte, muss er den Zeitpunkt dafür mit dem zu Behandelnden absprechen. Zur verabredeten Zeit stellt er sich die Person vor und projiziert Reiki-Kraft auf deren Drittes Auge.
- Es ist möglich, Reiki-»Depots« für die Zukunft anzulegen. Für einen wichtigen Vorstellungstermin zum Beispiel stellt

man sich das Datum und die jeweilige Situation vor und projiziert sich oder dem Klienten die Reiki-Kraft auf das Dritte Auge. Genau an dem Termin wird man dann von der Reiki-Kraft unterstützt.

- Auch die Vergangenheit kann man mit Fern-Reiki bearbeiten. Man kann zum Beispiel Wärme, Licht und Liebe in vergangene schmerzliche Erlebnisse bringen. Auf diese Art können alte Wunden besser heilen und belasten nicht mehr die Gegenwart.
- Wir können mehreren Menschen zur gleichen Zeit Energie schicken, indem wir uns auf sie mit dem dritten Symbol und Mantra einstimmen und für jeden symbolisch einen Finger unserer Hand an den Daumen halten.
- Fern-Reiki ist auch für Tiere, Pflanzen und Geschehnisse auf der ganzen Welt möglich.
- Die Technik der Reiki-Fernbehandlung kann auch in der Einzelsitzung angewandt werden. Der in den zweiten Reiki-Grad eingeweihte Therapeut fokussiert alle drei Symbole auf das Dritte Auge des Klienten, spricht dabei innerlich die dazugehörigen Mantras und legt gleichzeitig die Hände auf die erste Kopfposition. Dadurch wird die Kraft des Reiki enorm verstärkt.

Kapitel 7

Anwendung im Krankheitsfall

Sinn der Krankheit

Die Frage, warum es Schmerz, Leid und Krankheit gibt, beschäftigte die Menschheit schon immer. Geschieht Krankheit zufällig, müssen wir unser Schicksal annehmen, kommt alles von »oben«, von einem strafenden Gott?

Die Schulmedizin sieht bis heute in jeder Krankheit einen Feind, den es zu bekriegen gilt. Man kämpft gegen Krebs, versucht, Seuchen auszurotten, ruft auf zum Kampf gegen Aids und andere Viruskrankheiten. Doch parallel zu diesem Denken setzt sich immer mehr ein neuer Ansatz durch. Viele Menschen glauben inzwischen, dass Krankheit einen Sinn hat, und sie versuchen, den Sinn jeder Krankheit zu verstehen.

In der neuen Sichtweise werden Krankheitssymptome nicht mehr bekämpft, sondern aus einer ganzheitlichen Perspektive erkannt, erklärt und behandelt. Wenn ein Mensch seine Krankheit erst einmal als Lernaufgabe versteht, bringt ihn jede Krankheitserfahrung auf dem Weg des Selbsterkennens ein großes Stück weiter. Was in großen Zusammenhängen denkende Ärzte und Patienten letztlich tun: Sie fügen die von der Schulmedizin aufgeteilten Spezialgebiete für körperliche und psychische Leiden wieder zusammen.

Ein wichtiger Aspekt der Heilung ist die Einstellung des Kranken gegenüber seiner Krankheit. Es geht darum, sich in Demut der Bettruhe zu stellen. Bei dieser Haltung sind wir gezwungen, unseren eigenen Willen loszulassen und etwas anderes geschehen zu lassen. Das Ego wird seiner Machtstellung beraubt, und das allein bringt uns immer zu neuen Erlebnissen und Erkenntnissen. Durch Krankheit kann einiges im Leben auf sehr heilsame Art zurechtgerückt werden.

In der holistischen (ganzheitlichen) Sichtweise des Reiki bedeuten Krankheiten und ihre Symptome eine Standortbestimmung auf körperlicher, geistiger und seelischer Ebene. Wir sind aufgefordert, uns dieser Auseinandersetzung zu stellen, und die Reiki-Kraft kann uns dabei unterstützen, indem sie uns die Zusammenhänge zwischen Körper, Geist und Seele stärker spüren und begreifen lässt.

Das Immunsystem

Das Immunsystem ist das innere Verteidigungssystem des Körpers. Zur Aufrechterhaltung unseres Wohlbefindens und zur Vorbeugung von Krankheiten müssen wir unser Immunsystem regenerieren und stärken. Denn nur eine intakte Abwehr wird auch mit den Angriffen von Viren, Bakterien und Pilzen fertig.
Stress, Angst und Sorgen schwächen das Immunsystem. Doch es gibt auch Möglichkeiten, es positiv zu beeinflussen. Die noch junge Wissenschaft der Psychoneuroimmunologie, die das Zusammenwirken zwischen Psyche und Immunsystem erforscht, hat längst bewiesen, dass eine positive Geisteshaltung unsere Körperabwehr deutlich stärkt. So weiß man zum Beispiel aus der Arbeit mit Brustkrebspatienten, dass Kranke, die ihre Vergangenheit aufarbeiten und wieder zu ihrem Lachen zurückfinden, in ihrem Körper mehr Antikörper produzieren. Überhaupt haben Humor und die Kunst, über sich selbst zu lachen, eine großartige Heilkraft. Auch Entspan-

nung, Meditation und Fantasiereisen sind anerkannte Techniken zur Stärkung des Immunsystems.
Auch Reiki-Behandlungen können die Körperabwehr hervorragend beeinflussen. Bei einem geschwächten Immunsystem sollten alle Reiki-Positionen mit der Kraft des Fern-Reiki behandelt werden. Da die Energiezentren auf alle Körperorgane wirken, hat jede Ganzbehandlung eine positive Wirkung auf das Immunsystem. Dabei wird zum Beispiel die Thymusdrüse zur vermehrten Produktion weißer Blutkörperchen angeregt.

In der heutigen Zeit ist jeder von uns mehr oder minder starken Umweltbelastungen ausgesetzt. Luftverschmutzung, belastende Rückstände in Lebensmitteln und Wohngifte setzen uns stark zu. Wenn wir gesund werden oder bleiben wollen, sollten wir solche Belastungen durch eine gesunde Lebensführung so weit wie möglich reduzieren. Die richtige Wohnungswahl, ausgewogene, biologische Ernährung, genügend Schlaf, Bewegung und Entspannung und liebevoll unterstützende Freundschaften gehören zu den besten Heilmitteln des Lebens.

Die häufigsten Alltagsbeschwerden von A bis Z

Viele Befindlichkeitsstörungen, die uns das Leben erschweren, können sich mit ein paar einfachen Reiki-Handpositionen bessern. Natürlich ersetzt so eine Behandlung niemals den Arzt, doch immer unterstützt Reiki eine ärztliche Therapie.
Im Folgenden stelle ich alltägliche Beschwerden vor, die man gut mit Reiki behandeln kann – an sich selbst und an anderen. Zusätzlich nenne ich Therapien, die die Reiki-Behandlung ergänzen und unterstützen.

Abszess

Ein Abszess ist eine eitrige Hautentzündung, die am ganzen Körper auftreten kann.

Reiki-Behandlung

Halten Sie eine Hand mit etwas Abstand über den Abszess, danach beide Hände auf die erste und zweite Vorderposition. Bei einem Abszess am Zahn fügen Sie die erste Kopfposition hinzu. Dies wiederholen Sie dreimal täglich, jede Position fünf Minuten, etwa eine Woche lang.

Was Sie sonst noch für sich tun können

Heiße Kompressen mit einigen Tropfen ätherischem Kamillen-, Lavendel- oder Teebaumöl können für ein paar Stunden oder in der Nacht aufgelegt werden. Schmerzlindernd und entzündungshemmend wirkt auch die Edelsteintherapie. Legen Sie einfach einen Bernstein auf die betroffene Stelle.

Abwehrschwäche

Bei geschwächtem Immunsystem empfehle ich grundsätzlich, sich die Ruhe für eine Reiki-Ganzbehandlung zu gönnen. Denn die häufigste Ursache für Abwehrschwäche ist Stress. Natürlich spielen auch Umweltfaktoren und eine ungesunde Lebensweise eine große Rolle. Auch einschneidende Ereignisse und Lebenskrisen können die Leistung unseres Abwehrsystems herabsetzen.

Reiki-Behandlung

Nutzen Sie die dritte und vierte Kopfposition sowie die erste und dritte Vorderposition. Am besten zweimal am Tag, morgens vor dem Aufstehen und abends vor dem Einschlafen.

Was Sie sonst noch für sich tun können

Nehmen Sie eine »Auszeit«, machen Sie sich Gedanken über Ihre Lebenssituation, eventuell ist ein Entspannungstraining notwendig. Versuchen Sie es mit Meditation. Gönnen Sie sich zwischendurch immer wieder ein Vollbad mit entspannenden

Substanzen. Mischen Sie je drei Tropfen Zitronen-, Angelikawurzel- und Teebaumöl mit einem halben Becher Sahne und geben Sie dies ins einlaufende Badewasser. Achten Sie auf ausgewogene, mineralien- und vitaminreiche Kost. Gehen Sie in die Sauna und betätigen Sie sich in Maßen sportlich. In schweren Krisen suchen Sie einen Psychotherapeuten auf. Zur geistigen Unterstützung können Sie ein Heilsteinamulett aus Labradorit für einige Monate um den Hals tragen.

Akne

Mitesser und Pickel entstehen vor allem in der Pubertät. Während der hormonellen Umstellung des Körpers produzieren die Talgdrüsen zu viel Fett und verstopfen die Poren. Im Erwachsenenalter kann Stress eine ähnliche hormonelle Disbalance und damit auch Akne hervorrufen.

Reiki-Behandlung

Wenden Sie alle vier Kopfpositionen und die erste und dritte Vorderposition an, am besten abends im Bett vor dem Einschlafen.

Was Sie sonst noch für sich tun können

Sie können zu Ihrer täglichen Hautpflege einige ätherische Öle hinzunehmen. In das Waschwasser: drei Tropfen Lavendelöl. Zur täglichen Hautpflege: In 100 ml Hautöl geben Sie je fünf Tropfen Lavendel-, Kamille- und Teebaumöl. Auch ein Gesichtsdampfbad aus Kamillenblüten ist hilfreich. Essen Sie viel Obst und frisches Gemüse. Trinken Sie zur Entgiftung viel Wasser, bewegen Sie sich im Freien und lassen Sie sich von der Sonne hin und wieder an der Nase kitzeln. Tragen Sie einen Aventurin als Heilstein um den Hals.

Angst

Angst hat viele Gesichter. Die typischen angstbedingten Symptome reichen von Herzklopfen über Schlaflosigkeit und depressiver Verstimmung bis hin zu phobischen Anfällen. Wer zu Ängsten neigt, sollte sich viel Ruhe gönnen und ausgleichende Übungen machen.

Reiki-Behandlung

Wenden Sie täglich einmal alle vier Kopfpositionen, die erste, dritte und vierte Vorderposition und die dritte Rückenposition an.

Was Sie sonst noch für sich tun können

Beschäftigen Sie sich mit Entspannungstechniken, wenden Sie sich an einen Psychotherapeuten, der Ihnen Schritt für Schritt beim Auflösen der Angst hilft. Ein in unseren Breitengraden relativ neuer Pflanzenwirkstoff, der speziell gegen Angst wirkt, ist der Wurzelextrakt aus der Kava-Kava-Pflanze, die in der Südsee wächst. Kava-Kava gibt es als Fertigprodukt in Apotheken. Tragen Sie für einige Zeit eine Rosenquarzperlenkette, die bis zum Herzen reicht, um den Hals.

Allergien

Dass Allergien heute zu einem Volksleiden geworden sind, liegt nach neuesten wissenschaftlichen Erkenntnissen teils an der Umweltbelastung, teils an unserer übertriebenen Hygiene.

Reiki-Behandlung

Hier sollten über einen längeren Zeitraum jede Woche ein oder zwei Ganzbehandlungen erfolgen. Zur Stärkung des Immunsystems können Sie zusätzlich einmal täglich die erste Vorder- und dritte Rückenposition anwenden.

Was Sie sonst noch für sich tun können

Lassen Sie sich von einem erfahrenen Homöopathen behandeln, der auch mit Hochpotenzen arbeitet. Verschaffen Sie sich in einer Psychotherapie Klarheit über die psychischen Anteile Ihrer Krankheit. Bei einer Tierhaarallergie hilft eine Halskette aus Bernstein.

Augenbeschwerden

Die Augen sind das Tor von der inneren zur äußeren Welt und umgekehrt. Wenn Sie häufig rote Augen, Bindehautentzündungen oder andere Probleme mit den Augen haben, prüfen Sie zunächst, ob äußere Faktoren wie Bildschirmarbeit, Ozonbelastung der Luft oder zu wenig Tränenflüssigkeit (trockenes Auge) damit zusammenhängen. Parallel dazu können Sie aber auch die psychosomatische Komponente von Augenbeschwerden berücksichtigen. Fragen Sie sich einmal, ob es Dinge in Ihrem Leben gibt, die Sie nicht anschauen (wahrhaben) wollen oder die Sie »nicht mehr sehen können«.

Reiki-Behandlung

Nutzen Sie einmal täglich die erste, zweite und dritte Kopfposition.

Was Sie sonst noch für sich tun können

Besuchen Sie ein Entspannungstraining, machen Sie spezielle Übungen zur Entspannung der Augen. Bei trockenem Auge: Benutzen Sie künstliche Tränenflüssigkeit. Wenn Sie Kontaktlinsen tragen: Gönnen Sie Ihren Augen öfter mal eine Pause. Tragen Sie einen Bergkristall bei sich.

Bauchschmerzen

Es gibt sehr viele körperliche und seelische Störungen, die auf die Verdauungsorgane schlagen. Der weitaus häufigste Grund ist jedoch, dass man etwas Verdorbenes gegessen hat. Warum auch immer es im Bauch rumort: Wenn die Darmmuskulatur sich wieder entspannt, verschwinden oft auch bald die Schmerzen.

Reiki-Behandlung

Legen Sie die Hände auf die zweite, dritte und vierte Vorderposition, danach direkt auf die Stellen, wo es weh tut.

Was Sie sonst noch für sich tun können

Wärme von innen und außen verstärkt die entspannende Wirkung von Reiki. Trinken Sie reichlich Kamillentee, legen Sie sich eine Wärmflasche auf den Bauch, legen Sie sich lang hin und entspannen Sie sich. Zusätzlich können Sie sich einen Malachitstein auf den Bauch legen.

Blasenentzündung

Diese typische Frauenkrankheit macht sich durch brennende, ziehende Schmerzen beim Wasserlassen und ständigen Harndrang bemerkbar. Leicht erhöhte Temperatur kann auftreten. Wenn das lokale Abwehrsystem geschwächt ist, etwa durch Stress, Partnerschaftskrisen, Erkältung oder durch die hormonelle Umstellung in der Schwangerschaft oder in den Wechseljahren können Bakterien ungehindert in die Harnröhre gelangen und die Blasenentzündung auslösen.
Reiki-Behandlung
Legen Sie die Hände auf alle vier Vorderpositionen und auf die dritte und vierte Rückenposition.
Was Sie sonst noch für sich tun können
Sorgen Sie unbedingt für warme Füße und trinken Sie täglich mindestens drei Liter Blasen- oder Kräutertee. Sehr empfehlenswert: tägliche Sitzbäder mit einem Badezusatz aus zwei Esslöffeln Sesamöl und acht Tropfen Teebaumöl.
Bei häufigeren Blasenentzündungen sollten Sie abklären lassen, ob der Partner unter einer (meist symptomlosen) Infektion der Harnröhre leidet. Sie können auch einen Heliotrop als Heilstein tragen.

Bronchitis

Bronchitis geht meistens mit Fieber und anderen Erkältungssymptomen einher. Auslösende Faktoren können bei Erwachsenen Grippeviren oder starkes Rauchen sein, bei Kindern ist häufig starke Luftverschmutzung schuld. Wenn Sie zu Bronchitis neigen, könnte es auch sein, dass Sie mit diesem Symptom auf einen Konflikt in der Familie oder in der näheren Umgebung reagieren. Vielleicht würden Sie jemandem gerne »etwas husten« oder sich von irgendetwas befreien.

Reiki-Behandlung
Zu empfehlen ist eine Ganzbehandlung, die täglich durchgeführt wird, und zusätzlich einmal täglich die erste Vorder- und die dritte Rückenposition.
Was Sie sonst noch für sich tun können
Halten Sie sich warm, trinken Sie viel Pfefferminztee, reiben Sie Brust und Rücken mit einer speziellen Heilsalbe ein, die ätherische Öle wie Pfefferminze, Rosmarin, Eukalyptus, Teebaum, Myrte, Thymian oder Lavendel enthält. Sie können auch eine Duftlampe mit ätherischen Ölen über Nacht in Ihrem Schlafzimmer brennen lassen. Geben Sie aber insgesamt höchstens fünfzehn Tropfen aus einem oder zwei der genannten Aromen in die Duftschale. Atmen Sie ruhig durch und sorgen Sie für genügend Luftfeuchtigkeit in Ihrer Wohnung. Tragen Sie einen Bernstein auf der Haut. Bei chronischer Bronchitis: Nachts eine Pyritscheibe auf die Brustmitte legen.

Depressive Verstimmung
Menschen mit depressiven Tiefs unterliegen starken Stimmungsschwankungen, haben zu nichts mehr Lust, fühlen sich matt und antriebslos. Weitere Begleiterscheinungen sind meistens Schlafprobleme, Angst, Unruhe, Schuldgefühle oder Reizbarkeit. Die häufigsten Auslöser für seelische Tiefs sind Verlustkrisen. Wenn der Job gekündigt wird, nach Trennung vom Partner, Scheidung oder dem Tod eines nahe stehenden Menschen trauert die Seele.
Reiki-Behandlung
Zweimal täglich eine Ganzbehandlung und zusätzlich alle vier Kopfpositionen. Wenn Sie in den zweiten Reiki-Grad eingestimmt sind, benutzen Sie die Mentalbehandlung.
Was Sie sonst noch für sich tun können
Nehmen Sie bewusst Kontakt zu Ihrer Außenwelt auf. Treffen Sie sich mit Freunden, auch wenn Sie eigentlich keine Lust dazu haben. Besuchen Sie eine Selbsthilfegruppe oder setzen

Sie sich mithilfe eines Psychotherapeuten mit Ihrer Lebenssituation auseinander und machen Sie Trauerarbeit. Verbringen Sie längere Zeit in der Natur. Gehen Sie mal wieder ins Kino und schauen Sie sich einen lustigen Film an. Bei Lichtmangel-bedingten Winterdepressionen empfiehlt sich eine Lichttherapie, gepaart mit täglichen Spaziergängen um die Mittagszeit. Ein Lichtblick für dunkle Tage ist das Johanniskraut. Machen Sie eine Johanniskraut-Kur über mehrere Wochen. Fragen Sie den Apotheker beim Kauf eines Fertigpräparats aus Johanniskraut aber nach einem Produkt mit ausreichend hoher Dosierung. Auch der Geruch ätherischer Öle wirkt direkt auf das Gemüt. Gönnen Sie Ihrer Seele immer wieder mal stimmungsaufhellende Düfte aus der Duftlampe. Eine köstliche Mischung: Neroli, der wunderbare Duft von Orangenblüten, kombiniert mit einigen Tropfen Jasmin, Ylang-Ylang, Rose, Geranium und Bergamotte. Die gleiche Mischung können Sie auch mit etwas Jojobaöl vermischt als Zusatz für ein Gute-Laune-Vollbad nutzen. Der Heilstein gegen Depressionen ist der Lapislazuli. Am besten legen Sie sich eine Kette daraus als Schmuck um den Hals. Bei Depressionen in den Wechseljahren hilft eine Kette aus grünen Turmalinen.

Durchfall

Bauchweh und Darmkrämpfe begleiten meist die Diarrhoe. Sie tritt meist bei einer Nahrungsmittelvergiftung oder einer Darmgrippe auf, kann aber auch eine Folge von Dauerstress oder Angst sein. Ein altes Sprichwort sagt: »Er macht sich vor Angst in die Hose.«

Reiki-Behandlung

Alle vier Vorderpositionen und die vierte Rückenposition.

Was Sie sonst noch für sich tun können

Trinken Sie viel Kräutertee, nehmen Sie Mineraltabletten zum Ausgleich des Mineralverlusts und essen Sie – wenn überhaupt

– höchstens etwas Zwieback, Reis oder Haferschleim. Gut wirken immer eine Wärmflasche auf dem Bauch und Bettruhe.

Erschöpfung, geistige

Um in unserer Leistungsgesellschaft zu überleben, sind wir oft gefordert, über unsere Grenzen hinauszugehen. Wenn wir uns dabei zu oft übernehmen, kommt es leicht zum Burn-out-Syndrom, wir fühlen uns »ausgepowert«. Dieses Signal sollte ernst genommen werden. Bei geistiger Erschöpfung ist eine Pause für das Körper-Geist-Seele-System dringend angesagt.

Reiki-Behandlung

Geben Sie sich zweimal täglich eine Ganzbehandlung. Wenn Sie berufstätig sind und wenig Zeit haben, können Sie in der Mittagspause alle vier Kopfpositionen und dazu die erste Vorderposition behandeln.

Was Sie sonst noch für sich tun können

Reduzieren Sie Ihre Belastungen, legen Sie mehr Wert auf Spiel, Spaß und Entspannung. Gönnen Sie sich mehrmals pro Woche vor dem Zubettgehen ein Vollbad. Die passenden aromatischen Ingredienzen als Badezusatz: je drei Tropfen Rosmarin-, Zitronen- und Wacholderöl auf einen halben Becher Sahne. Als geistig erfrischenden Raumduft können Sie einige Tropfen Minze in die Duftlampe träufeln. Ein weiterer Nervenbalsam ist die Melisse. Trinken Sie viel Melissentee oder benutzen Sie Badezusätze, denen dieses Heilkraut zugesetzt wurde. Für die Ernährung gilt: Essen Sie viel Obst und Gemüse. Zur Unterstützung dieser Maßnahmen können Sie eine Korallenkette um den Hals tragen.

Falten

Wenn die Haut älter wird, verliert das Bindegewebe unter der obersten Hautschicht an Elastizität und es entstehen Falten.

Reiki-Behandlung

Geben Sie sich des Öfteren eine Reiki-Ganzbehandlung und

halten Sie zwischendurch einfach die Hände zur ersten Kopfposition fünf Zentimeter vor das Gesicht. Die Reiki-Lebenskraft bringt frische Energie unter die Haut und glättet das Gesicht sichtbar.

Was Sie sonst noch für sich tun können

Schon die alten Ägypter kannten und schätzten die fantastische Wirkung des ätherischen Neroli-Öls auf die Haut. Es entspannt die Epidermis und trägt zur Bildung neuer, gesunder Zellen bei. Mischen Sie zwei, drei Tropfen Neroliöl mit einem Teelöffel Weizenkeimöl und massieren Sie dieses Gesichtsöl ganz leicht ein.

Achten Sie gleichzeitig auf eine gesunde und vitaminreiche Ernährung und auf viel Flüssigkeitszufuhr. Auch eine allgemein gesündere Lebensführung hält die Haut jung. Reduzieren Sie Ihren Konsum von Alkohol, Tabak, Kaffee und schwarzem Tee. Bewegen Sie sich häufig in frischer Luft oder treiben Sie Sport.

Fuß-Probleme

Fußbeschwerden hat fast jeder einmal. Manche Menschen leiden ständig unter kalten Füßen, andere verstauchen sich häufig den Knöchel, wieder andere leiden unter Schweißfüßen. Es gibt auch eine seelische Komponente: Menschen, die oft mit ihren Füßen Probleme haben, stehen häufig nicht fest genug »mit beiden Füßen auf der Erde«.

Reiki-Behandlung

Nehmen Sie einen Fuß in beide Hände und massieren Sie ihn leicht, um die Reflexzonen zu aktivieren. Gleichzeitig denken Sie daran, dass nun auch Reiki-Kraft fließt. Wenn Sie den Grundkurs gemacht und eine Einweihung bekommen haben, reicht dieser gedankliche »Befehl«. Danach machen Sie das Gleiche mit dem anderen Fuß. Zusätzlich wenden Sie die zweite, dritte und vierte Vorderposition und die dritte und vierte Rückenposition an.

Was Sie sonst noch für sich tun können
Mit Fußbädern können Sie ganz unterschiedliche Beschwerden an Beinen und Füßen angehen. Bei kalten, schlecht durchbluteten Füßen lösen Sie je zwei Tropfen ätherisches Sandelholz-, Rosmarin- und Wacholderöl in zwei Esslöffeln Olivenöl auf und geben diese Mischung in Ihr Badewasser. Weitere durchblutungsfördernde Maßnahmen sind Sport und regelmäßige Saunabesuche. Eine aromatisch duftende Zutat fürs Fußbad, die gegen Schweißfüße wirkt: je vier Tropfen Zypressen- und zwei Tropfen Tannenzapfenöl, ebenfalls in ein bis zwei Esslöffeln Olivenöl aufgelöst. Ein weiterer Tipp: Tragen Sie möglichst luftige Schuhe.

Haarausfall

Wenn Männer im Laufe der Jahre Haare lassen, ist dies genetisch bedingt und auch mit den teuersten Mitteln nur selten zu verhindern. Bei Frauen stecken meist andere Gründe dahinter, wenn die Haare dünner werden und vermehrt ausgehen. Einer davon ist der Mangel an bestimmten Vitaminen, Mineralien oder Spurenelementen oder ein Zuviel an Schadstoffen im Organismus. Weitere auslösende Momente können seelische Krisen oder Stress sein.
Reiki-Behandlung
Wenden Sie eine Zeit lang täglich alle vier Kopfpositionen an und jeden zweiten Tag eine Ganzbehandlung.
Was Sie sonst noch für sich tun können
Mischen Sie sich Ihr eigenes Haaröl: Acht Tropfen ätherisches Rosmarin- und zwölf Tropfen Zedernholzöl in 20 ml Weizenkeimöl und 30 ml Olivenöl verschütteln. Diese Mischung massieren Sie am Abend vor der Haarwäsche in Kopfhaut und Haare ein und lassen das Ganze etwa zwanzig Minuten einwirken. Lassen Sie vom Arzt überprüfen, ob Ihr Körper mit Giftstoffen belastet ist, zum Beispiel mit Amalgam aus Zahnfüllungen. Lassen Sie bei einer Haar-Mineralanalyse untersu-

chen, ob Ihnen vielleicht wichtige Mineralien oder Vitamine fehlen, vor allem Biotin und Zink. Verwenden Sie nur sanfte Shampoos. Haare sollten nicht übermäßig durch Föhnen, Färben oder Dauerwellen strapaziert werden.

Halsbeschwerden

Beschwerden im Halsbereich kennt jeder. Die Palette der Symptome beginnt bei leichtem Halskratzen und Schluckbeschwerden und reicht über Heiserkeit bis zur Mandel- oder Kehlkopfentzündung und der Seitenstrang-Angina. Auf psychischer Ebene zeigen häufige Beschwerden im Halsbereich an, dass der Betreffende etwas nicht schlucken will beziehungsweise nicht kann oder dass verletzte Gefühle und geschluckter Ärger aus dem Inneren nicht hinaus wollen.

Reiki-Behandlung

Geben Sie (sich) morgens eine Ganzbehandlung und abends alle vier Kopfpositionen. Bleiben Sie im Halsbereich mindestens zehn Minuten an der Position.

Was Sie sonst noch für sich tun können

Gurgeln Sie mehrmals täglich mit Salbei- oder Kamillentee. Sie können sich auch eine Lösung aus ätherischen Ölen zusammenstellen: einen Tropfen Teebaumöl und einen Tropfen Zitrone in etwas Essig verdünnen, das Ganze dann in eine Tasse warmes Wasser geben und schluckweise gurgeln. Auch Inhalationen sind ein gutes Hausmittel: zwei Tropfen Teebaumöl und zwei Tropfen Cajeputöl auf zwei Liter heißes Wasser und den Dampf einatmen. Für eine Einreibung geben Sie einen Tropfen Salbei- und einen Tropfen Lavendelöl auf einen Teelöffel Sesamöl. Wenn der Hals entzündet ist, können Sie auch eine Lapislazuli-, Chrysokoll- oder Türkiskette um den Hals legen. Bei eitrigen Halsbeschwerden, die mit Fieber einhergehen, bitte sofort zum Arzt!

Hautentzündungen

Für alle Arten der Hautentzündung (Dermatitis), egal, ob es sich um Hautreizungen, Ekzeme, juckende, nässende Stellen oder – bei Kindern – um Windelausschlag handelt, ist das Abklären der Ursachen wichtig. Stress, Allergien und die vererbte Neigung zu Hautkrankheiten sind die häufigsten Gründe.

Reiki-Behandlung

Nehmen Sie sich Zeit für eine tägliche Reiki-Ganzbehandlung. Wenn Sie Ihre Haut mit natürlichen Mitteln behandeln, halten Sie vor der Anwendung die Hände über das Gefäß und lassen Sie in Gedanken Reiki-Kraft fließen. Dieses erhöht die Heilkraft der Substanzen.

Was Sie sonst noch für sich tun können

Baden Sie regelmäßig in heilenden Ölen. Zur allgemeinen Hautregeneration und Entgiftung empfiehlt sich folgender Badezusatz: je drei Tropfen ätherische Öle der blauen Kamille und der Zypresse und je einen Tropfen Rosengeranie und Wacholder mit 250 g Meersalz vermischen und ins warme Wasser geben. Juckende Haut und trockene Ekzeme können mit folgendem selbst gemachtem Pflege-Hautöl behandelt werden: Verschütteln Sie 50 ml Hagebuttenkernöl und 50 ml Hanföl mit je fünf Tropfen ätherischem Öl von Lavendel, Kamille blau, Palmarosa und Myrrhe. Gegen Schuppenflechte hilft dieses Rezept: 50 ml Jojobaöl mit je fünf Tropfen ätherischem Öl von Lavendel vera, Manuka und Rosa damascena.

Da bei fast allen Krankheiten der Haut seelische Faktoren eine Rolle spielen, sollte man mit einem Therapeuten seines Vertrauens versuchen, den Konflikten auf die Spur zu kommen, die sich hinter dem Leiden verbergen. Entspannungsmethoden sind übrigens ein wichtiger Bestandteil fast aller Therapiekonzepte gegen Hautleiden.

Wenn Sie gerne Heilsteine als Schmuck tragen, probieren Sie den Aventurin, der die Regeneration und Durchblutung der Haut fördert, und Onyx, der die Haut geschmeidig macht. Sehr bewährt bei allen Hautproblemen sind regelmäßige Klimakuren am Toten Meer.

Herpes

Den schmerzhaften Bläschenausschlag, der durch den Herpes-Simplex-I-Virus verursacht wird, bezeichnet man im Volksmund als »Herpes«. Fast 90 Prozent aller Deutschen tragen diesen Virus in sich, doch bei den meisten bleibt er »stumm«, also ohne Symptome. Bei anderen wiederum braucht das Immunsystem nur leicht geschwächt zu werden und schon bricht die Herpesinfektion aus. Als Auslöser kommen in Frage: Erkältung, extrem kaltes oder heißes Wetter, Übermüdung, Stress. Solange die Bläschen vorhanden sind, ist die Infektion äußerst ansteckend.

Reiki-Behandlung

Sobald Sie erste Anzeichen einer Infektion ausmachen, halten Sie eine Hand über die Stelle und lassen Sie Reiki-Kraft fließen. Bis die Symptome abgeklungen sind, geben Sie sich einmal täglich eine Ganzbehandlung.

Was Sie sonst noch für sich tun können

Ein Rezept aus der Aromatherapie: Fünf Tropfen ätherisches Melissenöl mit 10 ml Weizenkeimöl mischen. Mehrmals täglich einige Tropfen auf einen Wattebausch geben und vorsichtig damit die Bläschen betupfen. Tragen Sie einen Rosenquarz-Heilstein für Ihr inneres Gleichgewicht. Abwehrstärkend wirken auch autogenes Training und eine ausgewogene biologisch-vegetarische Ernährung.

Herzklopfen

Dass unser Herz beim Sport oder bei freudigen Überraschungen schneller klopft, empfinden wir als normal. Anders, wenn

Herzklopfen ohne erkennbare äußere Ursachen auftaucht und uns dann beunruhigt. Mögliche Ursachen sind Stress- oder Angstzustände oder zu viel Genussgifte wie Koffein, Nikotin oder Alkohol. Auch in der Zeit der Wechseljahre klagen viele Frauen über ein schnelleres Pochen ihres Herzens.

Reiki-Behandlung

Legen Sie täglich die Hände aufs Herz und geben Sie fünfzehn Minuten lang Reiki-Lebenskraft, danach je fünf Minuten die erste und zweite Rückenposition.

Was Sie sonst noch für sich tun können

Lassen Sie auf jeden Fall vom Arzt abklären, ob Sie unter einer behandlungsbedürftigen Herzkrankheit leiden und eventuell Medikamente nehmen müssen. Parallel dazu lindern die folgenden sanften Methoden das Herzklopfen:

Mischen Sie einen Tropfen ätherisches Rosenöl mit einem Esslöffel Jojobaöl und massieren Sie damit die Herzgegend und tragen Sie einen Rosenquarz-Heilstein auf derselben Höhe. Nehmen Sie sich Zeit für ausgedehnte, liebevolle Partnermassagen. Wenn Sie bei Anstrengungen Herzklopfen verspüren, können Sie in einem Fitness-Studio unter Anleitung ein Aufbautraining absolvieren. Achten Sie auf Ihre Essgewohnheiten und meiden Sie nach Möglichkeit Alkohol, Zigaretten, Kaffee, schwarzen Tee, Süßigkeiten und Colagetränke.

Heuschnupfen

Heuschnupfen ist eine allergische Reaktion auf bestimmte Gräser und Pflanzenpollen, die im Frühjahr und Sommer durch die Luft wirbeln. Die Symptome ähneln denen einer Erkältung: Niesen, verstopfte oder laufende Nase, juckende, teilweise schmerzende, tränende Augen.

Reiki-Behandlung

In der Zeit des Pollenflugs sollten Sie jeden Tag alle vier Kopfpositionen und die erste, zweite und dritte Vorderposition anwenden.

Was Sie sonst noch für sich tun können
Meiden Sie in der Zeit des Pollenflugs ausgedehnte Spaziergänge in der Natur und tragen Sie eine Bernsteinkette. Lindernd wirken Inhalationen, am besten mit purem Salzwasser. Essen Sie viel frisches Obst und Vitamin-C-haltiges Gemüse. Meiden Sie nach Möglichkeit Milch und Milchprodukte.

Hexenschuss

Schwere Schmerzen im Lendenwirbelbereich sind typische Anzeichen eines Hexenschusses. Er entsteht meistens, wenn man sich beim Heben oder Tragen schwerer Gegenstände »verrenkt«.
Reiki-Behandlung
Wenn Sie selbst einen Hexenschuss haben, sollten Sie einen Freund oder einen Reiki-Therapeuten um eine Behandlung bitten. In Frage kommen alle vier Rückenpositionen.
Was Sie sonst noch für sich tun können
Legen Sie sich ins Bett, halten Sie den Rücken mit einer Wärmflasche warm und lassen Sie sich mehrmals täglich den Rücken mit einer Spezialsalbe einreiben. In Apotheken gibt es entsprechende Fertigprodukte. Bei starken Schmerzen hilft eine Spritze vom Arzt.

Hoher Blutdruck

Bluthochdruck sollte immer ärztlich kontrolliert werden, denn auf Dauer belastet er Herz und Kreislauf und bedeutet Thrombosegefahr. Viele Menschen mit hohem Blutdruck sind übergewichtig und neigen zu Kurzatmigkeit. Man sagt auch, dass die Betroffenen unter permanenter innerer Anspannung stehen.
Reiki-Behandlung
Sich die Zeit für eine tägliche Reiki-Ganzbehandlung zu nehmen, kann der erste Schritt zu einem gelasseneren Lebensstil sein. Legen Sie auch zwischendurch immer wieder mal eine

Pause ein. Legen Sie dabei die Hände aufs Herz und lassen Sie Reiki-Kraft fließen.

Was Sie sonst noch für sich tun können

Achten Sie auf gesunde, salzarme Ernährung und schränken Sie den Konsum von Alkohol und koffeinhaltigen Getränken ein. Lernen Sie eine Entspannungs- oder Meditationsmethode, die Ihnen zusagt.

Impotenz

Potenzprobleme beim Mann haben immer etwas mit Angst zu tun. Sexuelle Energie ist ein anderer Name für Lebenskraft. Durch sie entsteht Leben. Jeder Mensch erfährt Sexualität im Laufe seines Lebens. Es ist ganz normal, dass es dabei zu unsicheren Momenten kommt. Bei vielen Männern reicht das Auftauchen eines Kondoms, um ihnen den Wind aus den Segeln zu nehmen.

Reiki-Behandlung

Legen Sie für zehn Minuten eine Hand auf Ihr Wurzelchakra (vierte Vorderposition) und die andere Hand auf das Herzchakra (erste Vorderposition). Die gleiche Übung können Sie mit Ihrem Partner machen. Setzen Sie sich im Schneidersitz einander gegenüber und legen Sie sich gegenseitig die Hände auf die Positionen.

Was Sie sonst noch für sich tun können

Versuchen Sie, die sexuelle Vereinigung weniger stark vom Kopf her zu gestalten, entspannen Sie sich und lassen Sie sich von den Gefühlen tragen. Prüfen Sie, ob vielleicht latente Partnerprobleme bestehen, und machen Sie gegebenenfalls eine Paar-Therapie. Zum Kennenlernen der Möglichkeiten spirituellen Wachstums zwischen Mann und Frau werden heute so genannte »Tantra-Gruppen« angeboten. Eines der Ziele dabei: Ein Mann lernt, seine tief verwurzelten Ängste zu überwinden und die Frau geistig und körperlich zu befriedigen, indem er lernt, leicht mit ihrer Erregung zu schwingen. Indem der Mann seine Ejakulation zurückhält, kann er der Frau viele Orgasmen bereiten. Eine so erblühte Frau strahlt auf ihre ganze Umwelt aus und dies wiederum bestätigt den Mann. Ein Liebespaar, das völlig entspannt miteinander verschmelzen und ineinander aufgehen kann, erlebt beim Sex geradezu einen Verwandlungsprozess. Danach fühlen beide Partner sich lebendiger, stärker und vitaler.

Insektenstiche

Die Pestizide und Insektizide, die Stechmücken heute bei einem Stich auf den Menschen übertragen, rufen immer häufiger schwere Entzündungen hervor. Nicht zu unterschätzen ist auch die zunehmende Allergiegefahr. Wenn Sie wissen, dass Sie gegen Wespen- oder Bienengift allergisch sind, müssen Sie nach einem Stich sofort zum Arzt. Das Gleiche gilt für den Fall, dass Sie im Mund oder Rachen gestochen worden sind.

Reiki-Behandlung

Bei einem Bienen- oder Wespenstich sofort den Stachel entfernen und kaltes Wasser auf die Einstichstelle fließen lassen! Währenddessen lassen Sie in Gedanken Reiki-Kraft fließen. Außerdem behandeln Sie mit der dritten Kopfposition und jeweils der ersten Vorder- und Rückenposition.

Was Sie sonst noch für sich tun können

Schützen Sie sich in geschlossenen Räumen vor Mücken mit insektenabwehrenden Raumdüften aus der Duftlampe, zum Beispiel aus Lavendel, Zeder, Zypresse oder Eukalyptus citridora. Geben Sie je vier Tropfen in die Duftschale. Ein gutes Notfallmittel, wenn Sie bereits gestochen worden sind: Tupfen Sie vorsichtig ein bis zwei Tropfen Lavendelöl pur auf die Einstichstelle. Es wirkt schmerzstillend und hält die Schwellung in Grenzen. Wenn Sie sich im Freien aufhalten, reiben Sie die ungeschützten Teile Ihrer Haut mit diesem insektenvertreibenden Öl ein: zwei Tropfen Niembaumöl mit einem Teelöffel Sesam- oder Jojobaöl mischen.

Klimakteriumsbeschwerden

Wenn die nachlassende Östrogenproduktion das ganze Leben und Empfinden einer Frau zwischen dem vierzigsten und fünfzigsten Lebensjahr verändert, stellen sich häufig Befindlichkeitsstörungen ein, die vielen Frauen Angst machen. Eigentlich gilt es dann, diese Zeit der Menopause als die Zeit der Reife zu begreifen, in der man die Früchte seines Lebens ernten kann. Kinder sind geboren und zumeist schon großgezogen, im Beruf sind viele Dinge erreicht, an Beziehungen ist man gewachsen. Frauen, die ihren »Wechsel« annehmen lernen, können durch das Erfahren der eigenen inneren Kraft viele Probleme gelassener betrachten und angehen. Lang gehegte Wünsche lassen sich jetzt erfüllen. Letztlich ist es also die Einstellung einer Frau zu ihren Wechseljahren, die die Ausprägung und Intensität ihrer Beschwerden bestimmt.

Reiki-Behandlung

Da viele Frauen in der Zeit des Wechsels ihre Spiritualität entdecken, können sie viele Beschwerden mit Reiki selbst behandeln: Nutzen Sie die zweite und dritte Kopfposition sowie die erste und vierte Vorderposition. Bei stärkeren Beschwerden geben Sie sich mindestens einmal in der Woche eine Reiki-Ganzbehandlung.

Was Sie sonst noch für sich tun können

Besuchen Sie einen Entspannungs- oder Meditationskurs. Lassen Sie sich von Ihrem Partner öfter mal eine liebevolle Ganzkörpermassage geben. Nutzen Sie die sanfte Kraft hormonregulierender Pflanzen und besänftigen Sie Ihre Nerven mit Melissebädern. Wenn Sie unter starken Hitzewallungen leiden, sollten Sie eine Zeit lang auf Alkohol, scharfe Gewürze und Kaffee verzichten und probieren Sie aus, ob sich die Beschwerden bessern.

Empfehlenswert ist auch eine Trinkkur aus Brennnessel- und Salbeiheiltees. Lassen Sie vom Arzt überprüfen, ob Sie zu Osteoporose neigen. Gegen Schlafstörungen helfen Tees und

Tabletten aus Passiflora, gegen Depressionen Produkte aus Johanniskraut. Immer sinnvoll: leichte Gymnastik und gesunde Ernährung.

Koliken

Koliken, also krampfartige Bauchschmerzen, sind häufige Begleiterscheinungen bei Darmentzündung, Durchfall oder Blähungen. Auch Säuglinge können von Koliken geplagt werden. Sehr oft treten in den ersten Lebensmonaten die sehr schmerzvollen »Dreimonatskoliken« auf.

Reiki-Behandlung

Benutzen Sie alle vier Vorderpositionen und die dritte und vierte Rückenposition. Legen Sie die Hände immer auch direkt auf die schmerzenden Stellen.

Was Sie sonst noch für sich tun können

Legen Sie sich mit einer Wärmflasche auf dem Bauch ins Bett und trinken Sie eine Teemischung aus Fenchel, Koriander und Anis. Massieren Sie den Bauch sanft im Uhrzeigersinn. Versuchen Sie es mit Bauchkompressen: je drei Tropfen ätherisches Öl von Römischer Kamille und Lavendel in etwas Essig auflösen und dieses Gemisch in ein Gefäß mit zwei Litern heißem Wasser geben. Legen Sie sich die darin getränkten Kompressen auf den Bauch und decken Sie alles mit einem Handtuch ab.

Konzentrationsprobleme

Konzentrationsprobleme sind typisch für die Zeit, in der wir leben. In jüngeren Jahren sind die möglichen organischen Ursachen wie Durchblutungsstörungen des Gehirns eher selten. Die meisten Konzentrationsschwierigkeiten sind auf einen stressigen, hektischen Lebensstil zurückzuführen. Schon Schulkinder sind davon betroffen. Klassische Begleiterscheinungen sind Unruhe, Schlaflosigkeit und Lernschwäche.

Reiki-Behandlung
Nehmen Sie sich die Zeit, täglich alle vier Kopf- und Vorderpositionen anzuwenden. Mit dem zweiten Reiki-Grad kann die Mentalbehandlung eingesetzt werden.
Was Sie sonst noch für sich tun können
Gönnen Sie sich genügend Schlaf. Befreien Sie sich von zu viel Gedankenballast, klären Sie Ihren beruflichen und privaten Bereich. Gehen Sie täglich spazieren, bei jedem Wetter. Eine Übung zur Entspannung von Körper und Geist: Legen Sie abends statt fernzusehen Ihre Lieblingsmusik auf. Bewegen Sie sich total in »Ihren« Rhythmen. Nach einer halben Stunde setzen Sie sich aufrecht auf einen Stuhl, schließen die Augen für zehn Minuten und entspannen sich, ohne an irgendetwas zu denken.

Kopfschmerzen

Wir alle kennen den Brummschädel nach einer durchzechten Nacht. Die zweithäufigste Form von Kopfschmerzen sind Spannungskopfschmerzen, die sich bis in den Nacken-/Schulterbereich ausdehnen können. Wenn Sie häufig darunter leiden, fragen Sie sich, was Sie im Kopf nicht mehr aushalten. Stress und innere Krisen sind Spannungen, die leicht auf den Kopf schlagen. Auch berufsbedingte Haltungsfehler (»Bürorücken«) können Kopfschmerzen hervorrufen.
Reiki-Behandlung
Nutzen Sie die zweite und dritte Kopfposition fünfzehn bis zwanzig Minuten lang. Anschließend legen Sie beide Hände fünf Minuten aufs Herzchakra (Herzposition).
Was Sie sonst noch für sich tun können
Greifen Sie nicht automatisch zu chemischen Schmerzmitteln, probieren Sie etwas anderes aus der großen Palette der Naturheilmittel. Bei seelischen Problemen sprechen Sie sich bei einem Psychologen aus. Lernen Sie in Entspannungskursen gezielt zu relaxen. Ich selber biete mit der von mir ent-

wickelten Holistic-Chi-Methode eine Mischung aus Gesprächstherapie, Lebensberatung, Entspannung und Reiki an. Ein Tipp aus der Edelsteintherapie: Tragen Sie bei Migräne eine Bernsteinkette. Auch Perlen, Lapislazuli oder Rosenquarz tun ihre Wirkung. Zusätzlich können Sie Schläfen, Stirn und Nacken mit verdünntem Pfefferminzöl massieren. Die Farbtherapie empfiehlt gegen Kopfschmerzen Brillen mit blauen Gläsern.

Krebs

Bei Krebs ist das Abwehrsystem so geschwächt, dass es im Kampf gegen entartete Zellen versagt. Diese Krankheit hat eine lange Vorgeschichte bis zu ihrer Entstehung und warnt häufig durch die verschiedensten Symptome. Erst wenn wir diese Chancen immer wieder verstreichen lassen, bricht das Immunsystem irgendwann total zusammen und das Leiden bricht aus. Parallel zur konventionellen Krebstherapie setzt sich immer mehr die Idee durch, dass Krebs auch eine starke geistig-seelische Dimension hat. Bestätigt wird dies unter anderem durch die Wissenschaft der Psychoneuroimmunologie, der Erforschung der Zusammenhänge zwischen Gedanken und Gefühlen und dem Immunsystem. Auch die Erfolge des amerikanischen Krebsarztes Carl Simonton, dessen Imaginationsmethode auf diesem Wissen basiert, bestätigen diese These. Die Idee Simontons: Negative Gefühle, negative Lebenseinstellungen und Konditionierungen können den Menschen krank machen. Wenn wir unsere Lebensmaximen und -muster überprüfen und aus diesem Blickwinkel heraus »sanieren«, überträgt sich dieser heilende Prozess auch auf den Körper. Viele Krebspatienten, die ihre Krankheit als Chance begreifen und sich an diese »innere« Arbeit machen, gewinnen dem Leben neue, bereichernde Perspektiven ab. Sie verkraften die Strahlen- oder Chemotherapie besser und schaffen es häufig, noch viele Jahre in guter Lebensqualität zu verbringen.

Reiki-Behandlung
Mit der Reiki-Lebenskraft können Sie jede Krebstherapie begleiten und in der Wirkung unterstützen. Es hat sich sogar gezeigt, dass regelmäßige Reiki-Sitzungen dem Körper helfen, die Nebenwirkungen der Krebsmedikamente zu reduzieren. Nehmen Sie sich morgens und abends Zeit für eine Ganzkörperbehandlung. Auf den vom Krebs betroffenen Stellen sollen die Hände fünf Minuten lang verweilen.
Was Sie sonst noch für sich tun können
Informieren Sie sich bei Krebsberatungsstellen über alle Therapieformen, auch über die Möglichkeiten biologischer Krebsmedizin. Fragen Sie nach entsprechenden Selbsthilfegruppen, lesen Sie möglichst viel Literatur über Ihre Krankheit und machen Sie sich damit selbst zu Ihrem besten Arzt. Gerade bei Krebs ist es wichtig, möglichst viel Eigenverantwortung für die Therapie zu übernehmen. Die Voraussetzung dafür ist allerdings eine fundierte Information.

Labilität

Labile Menschen fühlen sich oft innerlich entwurzelt, verwirrt, sogar desorientiert. Sie können nur schwer Entscheidungen treffen. Spirituell betrachtet sind diese Menschen schlecht verwurzelt. Ein Mensch ist wie ein Baum, ohne feste Wurzeln kann er leicht umfallen. So nutzen alle Ideen und Vorhaben nichts, wenn es dafür keine Basis gibt.
Reiki-Behandlung
Besuchen Sie ein Erster-Reiki-Grad-Seminar, so können Sie Ihre Chakren mit mehr Lebensenergie versorgen. Geben Sie sich täglich eine Ganzbehandlung.
Was Sie sonst noch für sich tun können
Wählen Sie sich eine Selbsterfahrungsgruppe mit Ihrer Thematik oder begeben Sie sich in Einzeltherapie. Über kurz oder lang werden Sie die Kraft haben, aufrecht Ihren Weg zu gehen. Auch Tai Chi oder andere meditative Methoden sorgen für

mehr »Erdung«. Finden Sie in einem Steingeschäft Ihren Heilstein zu diesem Thema, ich empfehle einen Bergkristall. Reinigen Sie diesen und bitten Sie den Stein, Ihnen zu helfen. Bedanken Sie sich bei ihm, dass er sich hat finden lassen.

Magenbeschwerden

Magenprobleme entstehen meistens durch Sorgen, Stress und Kummer. Wenn diese Signale nicht beachtet werden, kann sich ein Magengeschwür bilden. Meistens ist das gesamte vegetative Nervensystem mitbetroffen und es kommt zu Verdauungsstörungen, Reizmagen oder Sodbrennen.

Reiki-Behandlung

Nutzen Sie die zweite und dritte Kopfposition, die zweite, dritte und vierte Vorderposition und die dritte Rückenposition.

Was Sie sonst noch für sich tun können

Gegen stressbedingte Magenprobleme hilft am besten Entspannung jeder Art. Ein altbewährtes Mittel ist Kamillentee. Sehr gut eignen sich auch Aromamassagen und Kompressen mit ätherischen Ölen. Die Substanzen werden über Atemwege und Haut vom Körper aufgenommen. Ein Rezept für eine sanfte Bauchmassage: Verschütteln Sie fünf Tropfen Basilikum, drei Tropfen Lavendel, drei Tropfen Geranie und zwei Tropfen Ingweröl mit 50 ml Mandelöl und massieren Sie diese Mischung im Uhrzeigersinn auf Magen- und Bauchbereich. Für eine Kompresse verdünnen Sie je drei Tropfen Fenchel- und Korianderöl in einem Liter warmem Wasser und legen sich ein darin getränktes Tuch auf den Bauch. Decken Sie die Kompresse mit einem Handtuch ab und halten Sie sich mit einer Decke warm. Zur Unterstützung der Magen-Darm-Funktion tragen Sie einen rotbraunen Jaspis oder einen Edeltopas.

Menstruationsbeschwerden

Körperlich äußern sich Menstruationsprobleme vielfach durch starke Blutungen und Bauchkrämpfe oder Schmerzen im Lendenwirbelbereich. Aus tiefenpsychologischer Sicht haben solche Beschwerden oft mit dem Nicht-annehmen-Können des eigenen Körpers zu tun. Durch negative Erfahrungen mit der eigenen Mutter entwickeln viele Frauen unbewusst Widerstände gegen die eigene Weiblichkeit. Hier gilt es zu lernen, das Frausein mit neuen Inhalten zu füllen und dadurch annehmen zu können.

Reiki-Behandlung

Während der Monatsblutung wenden Sie täglich alle vier Vorderpositionen sowie die dritte und vierte Rückenposition an. Wenn Sie etwas mehr für sich tun wollen, nutzen Sie auch alle vier Kopfpositionen.

Was Sie sonst noch für sich tun können

Für die Anwendung von Heiltees sind folgende Kräuter zu empfehlen: Fenchel, Anis, Kamille, Kümmel und Melisse. Ein durch seine hormonähnliche Wirkung bekannt gewordenes Kräuterheilmittel gegen Menstruationsprobleme ist der Mönchspfeffer. Fragen Sie in der Apotheke nach entsprechenden Fertigprodukten, die Sie aber über mehrere Monate hinweg nehmen sollten. Eine weitere Stabilisierung des weiblichen Hormonhaushalts erreichen Sie durch das Tragen einer Perlen- oder Mondsteinkette.

Migräne

Bei vielen Menschen ist Migräne erblich bedingt. Auch ein Trauma, Unfall oder Schock können dieses Leiden auslösen. Aus seelisch-geistiger Sicht kann Migräne mit Schwierigkeiten zusammenhängen, sich zu natürlichen Trieben wie Sexualität oder Aggression zu bekennen und diese auszuleben.

Reiki-Behandlung

Lassen Sie die Reiki-Kraft über alle vier Kopfpositionen und über die erste und dritte Vorderposition in den Körper einfließen. Halten Sie jede Position fünf Minuten lang.

Was Sie sonst noch für sich tun können
Fragen Sie einen Arzt für Naturheilkunde nach geeigneten Maßnahmen. Manchmal hilft Neuraltherapie, manchmal Akupunktur, in vielen Fällen lohnt sich der Besuch in einer Schmerzklinik oder eine Psychotherapie. Zur Unterstützung Ihrer Behandlung können Sie über einen längeren Zeitraum hinweg eine Bernsteinkette tragen.

Mund- und Zahnfleischentzündung

Zahnfleischbluten und Zahnfleischentzündung sind vor allem auf schlechte Mundhygiene zurückzuführen. Mangelhafte Reinigung der Zähne ist die häufigste Ursache.
Reiki-Behandlung
Wenden Sie die erste Kopfposition an und konzentrieren Sie sich in Gedanken vor allem auf die Mundpartie.
Was Sie sonst noch für sich tun können
Putzen Sie sich regelmäßig zweimal täglich gründlich die Zähne, wenn möglich auch ein drittes Mal nach dem Mittagessen. Benutzen Sie Zahnseide oder Zahnzwischenraumbürsten. Für Kinder werden Zahnputzkurse angeboten. Nach der Zahnreinigung spülen Sie den Mund mit einem Mundwasser aus, das Sie nach folgendem Rezept zubereiten: einen Tropfen Pfefferminzöl und einen Tropfen Teebaumöl in 200 ml Wasser auflösen.
Eine gesunde Ernährung mit viel vitaminreicher Vollwertkost tut ihr Übriges.

Muskelverspannung

Verspannungen im Schulter- und Rückenbereich kennen vor allem Menschen, die einen Sitzberuf ausüben. Zu viele oder zu wenige einseitige Bewegungen und falsches Sitzen am Arbeitsplatz, zu wenig Ausgleichssport und seelische Spannungen spielen eine große Rolle.

Reiki-Behandlung
Im Bereich der Muskelverspannung legen Sie die Hände auf und lassen die Reiki-Kraft fließen.
Was Sie sonst noch für sich tun können
Ein ausgewogenes Sportprogramm mit ausgleichenden Körperübungen verhindert Rückenschmerzen und Bandscheibenschäden. Suchen Sie sich das richtige Bürositzmöbel aus. Wählen Sie eine Ihnen entsprechende Körpertherapie oder gönnen Sie sich regelmäßig Massagen oder Krankengymnastik und korrigieren Sie im Sitzen immer wieder Ihre Sitzhaltung. Muskelverspannungen sind oft auch ein Signal: Überlegen Sie, was Sie im Leben festhalten und nicht loslassen können.

Nervosität

In der westlichen Welt gehört Nervosität zu den häufigsten Beschwerden. Vor allem ehrgeizige Menschen mit einem hohen Leistungsanspruch neigen dazu. Auch Kinder, die zu wenig Schlaf bekommen und zu vielen Reizen (Fernsehen, Musik) ausgesetzt sind, können bereits nervöse Beschwerden haben.
Reiki-Behandlung
Nehmen Sie sich Zeit für eine Reiki-Ganzbehandlung.
Empfehlenswert: zwei bis drei Sitzungen pro Woche. Noch besser: tägliche Behandlungen.
Was Sie sonst noch für sich tun können
Sagen Sie sich immer wieder, dass Ihnen nichts davonläuft. Vertrauen Sie sich dem Fluss des Lebens an und lernen Sie Ruhe und Gelassenheit. Nehmen Sie sich Zeit für Spaziergänge in der Natur, atmen Sie dabei kräftig durch. Verwöhnen Sie sich abends mit Bädern, die Sie mit entspannenden ätherischen Zusätzen anreichern. Ein Beispiel: Drei Esslöffel Sahne mit zwei Tropfen Ylang-Ylang, drei Tropfen Mandarine, je vier Tropfen Geranie und Linaloeholzöl vermischen. Zur Beruhigung aufgedrehter Kinder nehmen Sie drei Tropfen echtes Me-

lissenöl auf zwei Esslöffel Sahne als Badezusatz. Sie können sich auch ein Fertigprodukt aus pflanzlichen Beruhigungsmitteln wie Kava-Kava oder Baldrian in der Apotheke besorgen. Lernen Sie in Anti-Stress-Seminaren zu entspannen. Besuchen Sie alleine oder mit Partner eine Tanzveranstaltung, toben Sie sich richtig aus. Auch regelmäßiger Sport baut nervöse Spannungen ab. Folgende Heilsteine können Sie bei Nervosität tragen: Saphir, Citrin, alle Topase, Pyrit, Moosachat und Moosopal.

Niedriger Blutdruck

Der Spruch »Morgenstund hat Gold im Mund« trifft gewiss nicht auf Menschen mit niedrigem Blutdruck zu. Wenn Hypotoniker morgens aufstehen, wird ihnen häufig schwindelig oder schwarz vor Augen und am Abend sind sie frühzeitig müde. Auch tagsüber fühlen sich diese Menschen oftmals matt oder müde.

Reiki-Behandlung

Energetisieren Sie sich jeden zweiten Tag mit einer Reiki-Ganzbehandlung. Täglich sollten Sie alle vier Kopfpositionen, die erste Vorderposition und das Herzchakra behandeln. Wenn Sie Tees trinken, die den Kreislauf auf Trab bringen, können Sie vor dem Trinken kurz die Hände über die Tasse halten und den Tee so mit Reiki-Kraft energetisieren.

Was Sie sonst noch für sich tun können

Versuchen Sie es mit kneippschen Wasseranwendungen. Dabei wird das Herz zu kräftigen Schlägen mobilisiert. Ein garantierter Wachmacher am Morgen sind Badezusätze mit Rosmarinextrakten, die es auch fertig in der Apotheke gibt. Ein Tipp für die Ernährung: Essen Sie pro Mahlzeit weniger, dafür vier- bis fünfmal am Tag. Auch leichte, regelmäßige Gymnastik am Morgen bei offenem Fenster bringt den Kreislauf in Schwung. Gehen Sie öfter in die Sauna, machen Sie warm-kalte Wechselduschen.

Ohrensausen, Tinnitus

Tinnitus ist eine deutlich zunehmende Zeitkrankheit, es handelt sich um eine Funktionsstörung des Hörsystems. Die Hauptursachen sind Stress und die Überreizung der Hörnerven durch Lärm, Arbeitsgeräusche, Diskothekenmusik oder Walkman. Auch eine Zeckenborreliose oder eine Erkrankung am Gehörnerv können Ohrgeräusche auslösen.

Reiki-Behandlung

Nutzen Sie alle vier Kopfpositionen, insbesondere die Position an den Ohren. Für mehr innere Ruhe wird auch die erste Vorderposition, die Herzposition, mitbehandelt.

Was Sie sonst noch für sich tun können

Ändern Sie stressige Gewohnheiten und lassen Sie mehr Ruhe und Entspannung in Ihr Leben einkehren. Verzichten Sie auf laute Musik. Nur leise, beruhigende Klänge sind erlaubt. Mittlerweile gibt es eine riesige Auswahl an Entspannungstechniken, suchen Sie sich eine Methode aus, die Ihnen gefällt, und üben Sie regelmäßig. Sinnvolle Entspannungsmethoden, die Körper, Geist und Seele einbeziehen, sind Kundalini, Aktiv-Meditation, Tai Chi, Atemübungen oder Chakrasummen. Eine schöne Mediationsübung in der Natur: Setzen Sie sich mit dem Rücken an einen Baum und geben Sie sich diesem Moment ohne irgendwelche Gedanken einfach hin.

Prämenstruelles Syndrom

Jede zweite Frau kennt Beschwerden in den »Tagen vor den Tagen«. Die typischen Symptome sind Blähbauch, Brustspannen und Gesichtsödeme, aber auch Kopfschmerzen, Aggressivität und Depressionen gehören dazu. Besonders stark treten die Symptome bei Frauen auf, die in seelischen Krisen stecken oder in hormonellen Umschwungphasen wie in den Wechseljahren sind.

Reiki-Behandlung
Nutzen Sie alle vier Kopfpositionen, die vier Vorderpositionen und die dritte und vierte Rückenposition.
Was Sie sonst noch für sich tun können
Stellen Sie Ihre Ernährung um: Reduzieren Sie Kaffee, Tee, Zucker und Alkohol. Nehmen Sie stattdessen viel Vitamin-B-haltige Frischkost zu sich. In der Apotheke bekommen Sie pflanzliche Fertigpräparate aus Mönchspfeffer, Nachtkerzenöl und Traubensilberkerze zur Linderung der PMS-Symptome. Ein aromatischer Badezusatz aus ätherischen Ölen: Je drei Tropfen Geranium- und Rosenöl mit zwei Tropfen Jasminöl in einem halben Becher Sahne mischen. Das Ganze ins laufende Badewasser geben. Bei Depressionen und Niedergeschlagenheit wählen Sie vier Tropfen Mimose und drei Tropfen Bergamotteöl für Ihre Duftlampe. Wenn Sie unter starken PMS-Beschwerden leiden, sollten Sie erwägen, einen Psychotherapeuten zurate zu ziehen.

Prostatavergrößerung

Bei fast der Hälfte aller Männer vergrößert sich die Prostatadrüse ab dem vierzigsten Lebensjahr. Es handelt sich dabei um ein gutartiges Gewebewachstum, das aber auf die Harnröhre drücken kann. Man bekommt Schwierigkeiten, die Blase zu entleeren. Eine mögliche seelische Ursache für Prostatavergrößerung ist Angst vor dem Altern oder innerer, sexueller Druck.
Reiki-Behandlung
Wenden Sie die zweite Reiki-Grad-Mentalbehandlung an. Wenn Sie die Ausbildung nicht absolviert haben, behandeln Sie die zweite und dritte Kopfposition und alle vier Vorderpositionen. Die Behandlung sollte so lange fortgesetzt werden, bis die Beschwerden verschwunden sind.
Was Sie sonst noch für sich tun können
Ernähren Sie sich vegetarisch, verzichten Sie auf scharfe Gewürze, Süßigkeiten und Alkohol. Um nächtliches Aufstehen

zu vermeiden, trinken Sie bis zu drei Liter täglich, aber hören Sie nachmittags mit der Flüssigkeitsaufnahme auf. Essen Sie täglich 25 Kürbiskerne und viel Obst.

Rheumatische Beschwerden

Rheumatische Beschwerden betreffen nicht nur Muskeln, Sehnen, Bänder und Gelenke. Es zählen auch degenerative Erscheinungen der Gelenke dazu wie Arthrose und Arthritis. Als Ursachen kommen Störungen im Immunsystem und Infektionen mit bestimmten Bakterien in Frage. Auch Ablagerungen von Gift- und Schlackenstoffen in Muskeln und Gelenken werden für Rheumatismus verantwortlich gemacht. Viele Rheumapatienten stehen unter starkem Druck und Stress oder leiden an psychischen Störungen. Fast immer ist der Körper übersäuert.

Reiki-Behandlung

Legen Sie auf die betroffenen Stellen die Hände auf und lassen Sie Reiki fließen. Zur Unterstützung der Selbstheilung sind möglichst tägliche Reiki-Ganzbehandlungen optimal.

Was Sie sonst noch für sich tun können

Stellen Sie Ihre Ernährung um, essen Sie wenig Fleisch und tierische Fette und halten Sie sich an basische, vitaminreiche Kost. Sehr bewährt zur Entgiftung: eine Heilfastenkur. Bewegen Sie sich regelmäßig. Schwimmen, Radfahren und Wandern sind sanfte Ausdauersportarten, die Ihnen gut tun. Auch Massagen regen die Durchblutung an und schwemmen Schlackenstoffe aus. Sie können sich Ihr passendes Massage-Heilöl auch selber mischen: In 50 ml Johanniskrautöl geben Sie je fünf Tropfen Rosmarin- und Lavendelöl, vier Tropfen Wacholderöl und drei Tropfen ätherischen Eukalyptus citridora. Ein antirheumatischer Badezusatz: Lösen Sie je drei Tropfen Fichtennadel, Majoran und Ingwer in Sahne auf. Die Heilsteine für diese Beschwerden sind der Bernstein und der Türkis.

Rückenschmerzen

Rückenprobleme zeigen grundsätzlich eine Überbelastung an – egal ob auf körperlicher oder seelisch-geistiger Ebene. Sie sind ein Symptom für zu wenig Unterstützung. An der Haltung kann man leicht erkennen, wie es einem Menschen geht. Die häufigsten körperlichen Ursachen sind Bewegungsmangel, falsche Sitzhaltung und Übergewicht.

Reiki-Behandlung

Nutzen Sie die zweite und dritte Vorderposition und alle vier Rückenpositionen mit Reiki.

Was Sie sonst noch für sich tun können

Besuchen Sie eine Rückenschule und lernen Sie unter fachlicher Anleitung, Ihre Rücken- und Bauchmuskulatur zu stärken. Treiben Sie regelmäßig Sport. Gut bei Rückenproblemen sind Schwimmen und Ausgleichsgymnastik. Achten Sie auf eine anatomisch richtige Sitzhaltung, legen Sie eventuell ein Keilkissen auf den Stuhl. Auch entspannende Massagen und Therapien lindern Rückenschmerzen, allen voran Shiatsu und Feldenkrais. Die passenden Schmucksteine sind Obsidian und Bernstein.

Schlafstörungen

Schlaflosigkeit ist eine regelrechte Volkskrankheit geworden, die neben Kopfschmerzen zu den häufigsten Beschwerden zählt. Manchmal bringen Gesundheitsstörungen Schlaflosigkeit mit sich – Schnarchen, Bluthochdruck, Herzkrankheiten, Asthma oder Rheuma. Auch bestimmte Medikamente wie Antibiotika, Aufputschmittel oder Beta-Blocker können den Schlaf beeinträchtigen. Weitere mögliche Ursache: psychische Probleme wie Ängste, Sorgen, Kummer und Stress oder nicht verarbeitete Kindheitsprobleme.

Reiki-Behandlung

Wenden Sie zur Auflösung von Spannungen die Reiki-Mentalmethode an oder alle vier Kopfpositionen und die erste Vorderposition Reiki.

Was Sie sonst noch für sich tun können
Versuchen Sie, vor dem Zubettgehen nichts mehr zu essen. Entleeren Sie sich rechtzeitig. Sorgen Sie für gute Luft im Schlafzimmer und für eine eher kühle Raumtemperatur. Lernen Sie, sich abends zu entspannen, und trinken Sie ab Mittag keinen Kaffee und keinen schwarzen Tee mehr. Auch die elektromagnetische Strahlung aus Steckdosen und elektrischen Geräten kann schlaflose Nächte bereiten. Verbannen Sie um Ihr Bett herum Kabel, Radios und andere elektrisch betriebene Gerätschaften. Auch Fernseher und Computer gehören nicht ins Schlafzimmer. Eine schlaffördernde Duftmischung für die Aromalampe: zwei Tropfen Neroli, ein Tropfen Rose und drei Tropfen Lavendelöl. Eine Zutat für ein Abendbad: je zwei Tropfen ätherisches Öl von Lavendel und Muskatellersalbei und vier Tropfen Römische Kamille auf einen halben Becher Sahne mischen. Versuchen Sie es auch mit Kräuterduftkissen aus Orangenblüten, Melisse, Oregano, Lavendel und Rosenblättern.
Eine sinnvolle Maßnahme aus der Kräuterheilkunde sind pflanzliche Schlaftees. Es gibt entsprechende Mischungen als Fertigarzneimittel. Heilsteine für besseren Schlaf sind der Amethyst und der Hämatit.

Schnittwunden

Ob im Haushalt beim Brotschneiden, beim Skifahren oder bei der Arbeit, überall gibt es Verletzungsgefahren. Damit eine Wunde sich nicht infiziert, muss sie gereinigt und verbunden werden.
Reiki-Behandlung
Halten Sie eine Hand über die Schnittwunde oder den Verband und lassen Sie die Reiki-Kraft wirken. Behandeln Sie diese Stelle mehrmals täglich mit Reiki.

Was Sie sonst noch für sich tun können
Lassen Sie den Rest des Tages etwas lockerer angehen. Bei tieferen Schnittwunden unbedingt den Arzt aufsuchen!

Schnupfen

Ein Sprichwort sagt, dass Schnupfen mit oder ohne Arzt eine Woche dauert. Trotzdem sollte man auch Schnupfen behandeln – er kann manchmal eine Nasennebenhöhlen- oder Stirnhöhleninfektion nach sich ziehen. In jedem Fall zeigt Schnupfen an, dass der Körper Ruhe braucht.
Reiki-Behandlung
Für Nase, Stirn- und Nebenhöhlen, Rachen- und Halsbereich sind die vier Kopfpositionen und die erste Vorderposition wichtig.
Was Sie sonst noch für sich tun können
Inhalationen gehören zu den bewährtesten Schnupfenbehandlungen. Geben Sie eine Hand voll Kamillenblüten in den Inhalationstopf oder ein bis zwei Tropfen ätherischer Öle wie Eukalyptus oder Lavendel. Für besseres Durchatmen in der Nacht geben Sie zwei Tropfen Pfefferminzöl, drei Tropfen Eukalyptus- und vier Tropfen Zirbelkiefernöl in die Duftlampe. Statt chemischer Schnupfensprays sollten Sie Sprays aus (Meeres-)Salzwasser benutzen.

Seelischer Schock

Tiefgreifende seelische Erschütterungen können zu psychischem Schock führen. Typische Beispiele: plötzliche Kündigung, unerwartete Trennung vom Partner, Tod oder Unfall eines nahe stehenden Menschen.
Reiki-Behandlung
Wer das Zweiter-Reiki-Grad-Seminar absolviert hat, sollte die Mentalbehandlung anwenden. Als Reiki-Praktiker des ersten Grades lassen Sie die Reiki-Kraft in alle vier Kopfpositionen und die erste und dritte Vorderposition einwirken.

Was Sie sonst noch für sich tun können
Wenn Sie unter Schock stehen, sollten Sie dafür sorgen, dass in der nächsten Zeit immer jemand bei Ihnen ist oder dass zumindest eine Person aus Ihrem engsten Vertrautenkreis erreichbar ist. Wenn Sie das Gefühl haben, nicht mit Ihrer Situation zurecht zu kommen, sollten Sie sich an eine Beratungsstelle oder an die Telefonseelsorge wenden. Eine gute Hilfe für seelische Notfälle sind die Notfalltropfen aus der Bachblütentherapie. Unter dem Namen »Rescue Remedy« gibt es sie inzwischen in jeder Apotheke zu kaufen. Träufeln Sie sich im akuten Schock zwei Tropfen direkt aus der Flasche auf die Zunge.

Sexuelle Unlust

Ursache für mangelnde Libido können Konflikte in der Partnerschaft, aber auch psychische oder organische Störungen sein. Vor allem in wirtschaftlich schwierigen Zeiten, bei Arbeitslosigkeit oder zu viel Stress im Beruf kann das Sexualleben leicht zu kurz kommen. Wenn beide Partner wenig Selbstbewusstsein haben, entwickeln sie gegenüber dem anderen manchmal Hemmungen und Ängste, die sich speziell beim intimen Zusammensein stark auswirken. Ein anderes Problem bei Paaren, die schon lange zusammenleben, ist das »Hausschuh-Syndrom«. Wenn der Partner zu Hause ständig in ausgebeulten Hosen und mit ungepflegten Haaren herumläuft, sorgt er damit auch für erotische Null-Stimmung.
Reiki-Behandlung
Verwöhnen Sie sich gegenseitig mit der Reiki-Kraft. Abwechselnd zweimal die Woche eine Reiki-Ganzbehandlung.
Was Sie sonst noch für sich tun können
Betrachten Sie Ihren Partner als ein Mysterium, auch wenn Sie glauben, ihn schon in- und auswendig zu kennen. Jeder Mensch ist ein eigenes unergründliches Universum. Nach getaner Arbeit machen Sie sich für sich selbst und Ihren Partner

frisch und appetitlich. Nehmen Sie sich bewusst Zeit füreinander. Gehen Sie spielerisch mit der Sexualität um. Wenn Sie Konflikte nicht bewältigen können, besuchen Sie zusammen einen Familientherapeuten. In »Tantra-Gruppen« für Paare lernt man, sich miteinander wie im Paradies zu fühlen. Es wird eine Atmosphäre kreiert, in der durch schwebende Musik, köstliche Düfte und Massageöle alle Sinne angeregt werden. Die zu empfehlende Aroma-Duftpalette reicht von Cistrose, Iris, Jasmin, Moschuskörnern und Muskatellersalbei bis hin zu Orange, Rose, Sandelholz, Tagetes und Zimt. Um Ihren Körper in Form zu halten, bewegen Sie sich regelmäßig in der Natur und achten Sie auf vitaminreiche Ernährung.

Verbrennungen, Sonnenbrand

Die Verbrennungssymptome sind in drei Grade eingeteilt. Bei Verbrennungen ersten Grades, dem normalen Sonnenbrand, ist nur die oberste Hautschicht gerötet, entzündet und geschwollen. Die Verbrennungen zweiten Grades sind sehr schmerzhaft, es bilden sich Blasen und die Haut fängt an zu nässen. Bei Verbrennungen dritten Grades ist das Gewebe bis in die Unterhaut völlig zerstört und kann sich nicht mehr regenerieren. Da zahlreiche Nervenenden zerstört sind, spürt man die Schmerzen nicht mehr so stark. Bei Verbrennungen des zweiten und dritten Grades sollten Sie sich vom Arzt untersuchen lassen. Ein gutes Hausmittel bei Sonnenbrand ist Johanniskrautöl (Rotöl).

Reiki-Behandlung

Mit Reiki können Sie in jedem Fall die Heilung unterstützen. Halten Sie, wenn möglich, Ihre Hände über die betroffenen Hautpartien und lassen Sie die Reiki-Kraft wirken. Bei Verbrennungen an den Händen und an Stellen, die Sie mit Ihren Händen nicht erreichen, kann Ihr Partner oder ein Reiki-Therapeut Sie behandeln.

Was Sie sonst noch für sich tun können
Bei kleineren Verbrennungen ist fließendes, kaltes Wasser das beste Naturheilmittel. Das ätherische Lavendelöl betäubt Schmerzen, verhindert Schwellung und Blasenbildung. Tropfen Sie das Lavendelöl auf die betroffenen Hautstellen. Achten Sie bei Verbrennungen auf eine genügende Flüssigkeitszufuhr.

Verdauungsbeschwerden

Jeder kennt Probleme mit der Verdauung. Man fühlt sich unwohl, leidet unter Blähungen, Bauchschmerzen, Übelkeit, Durchfall oder Verstopfung und Darmkoliken. Im Allgemeinen sind Probleme im Verdauungstrakt auf falsche Essgewohnheiten oder Stress zurückzuführen. Auch Darmpilze können diese Symptome auslösen.
Reiki-Behandlung
Decken Sie die gesamte Bauchdecke nacheinander mit den Händen ab, so kann die Reiki-Kraft Stück für Stück wirken. Zusätzlich wenden Sie die zweite und dritte Kopfposition und die zweite und dritte Rückenposition an.
Was Sie sonst noch für sich tun können
Wenn Sie zu Verdauungsstörungen neigen, sollten Sie einoder zweimal im Jahr heilfasten. Wenden Sie sich an einen Ernährungsberater und halten Sie sich an dessen Vorschläge.

Verstauchungen

Bei Stürzen, Sportunfällen und anderen unbedachten Bewegungen kann man sich leicht Verstauchungen zuziehen. Versuchen Sie die verletzte Stelle mit Eis mindestens dreißig Minuten lang zu kühlen. Bei starken Schmerzen müssen Sie unbedingt den Arzt aufsuchen.
Reiki-Behandlung
Mit der Reiki-Kraft haben Sie die Möglichkeit, die betroffene Stelle mit Ihren Händen zu umfassen und zu behandeln. Mit

den ersten beiden Symbolen des zweiten Reiki-Grades können Sie diese Energie noch verstärken.

Was Sie sonst noch für sich tun können

Legen Sie eine fest sitzende Bandage an und lagern Sie den verletzten Körperteil hoch. Sobald Sie merken, dass das Gelenk sich auf dem Weg der Besserung befindet, beginnen Sie mit leichten Übungen zur Belastung.

Warzen

Warzen können am ganzen Körper auftauchen. Da es verschiedene Warzentypen gibt, muss man oft mehrere Mittel zur Entfernung ausprobieren. Da Warzen leicht mit Hautkrebsgeschwüren verwechselt werden, sollte man sich vom Arzt beraten lassen.

Reiki-Behandlung

Halten Sie die Hände über die betroffenen Hautstellen und lassen Sie die Reiki-Kraft fließen. Immer wenn Sie dran denken, wiederholen Sie diese Behandlung, bis die Warze verschwunden ist.

Was Sie sonst noch für sich tun können

Benutzen Sie nach dem Besuch von Schwimmbad oder Sauna die Desinfektionsgeräte und trocknen Sie sich gut ab. Eine alte überlieferte Methode ist das Besprechen der Warzen. Dies können Sie sowohl selbst tun als auch von einer heilkundigen »Hexe« ausführen lassen. Auch pflanzliche Mittel sind zu empfehlen. Für den Körper: der frische milchige Saft der Schöllkrautblätter, für das Gesicht eine Salbe aus Ringelblumenblüten. Auch ätherisches Teebaumöl, dreimal täglich auf die Warze geträufelt, hilft.

Kapitel 8

Der dritte Reiki-Grad

Der dritte Grad ist der so genannte »Meister-Grad«. Wenn der Reiki-Praktiker den ersten und zweiten Grad absolviert und genügend Erfahrung bei der Anwendung gesammelt hat, ist er befähigt, den Meister-Grad zu erwerben und dann selbst als Ausbilder den Weg des Reiki zu lehren.

Das Einstimmungsritual

Die Meistereinstimmung beendet die Phase des Schülerseins und ist gleichzeitig der Einstieg in den Reiki-Meisterweg, der Beginn eines weiteren Abschnitts auf der Lebensreise. Mit der Meistereinstimmung wird das bewusste Sein gereinigt und energetisiert, das wollende Ego tritt langsam zurück und der Mensch wird zum Werkzeug der göttlichen Existenz.
Die Einstimmung in den dritten Reiki-Grad beinhaltet ein weiteres Symbol, das Meistersymbol, und ein dazugehöriges Kraft-Mantra. Man ist damit an eine höhere Schwingung von Lichtenergie angeschlossen.

Der dritte Grad A: Der Reiki-Meister

Die Einstimmung in das Meistersymbol ermöglicht es, mit der erhöhten energetischen Schwingung zu arbeiten. Sich selbst und anderen Einstimmungen zu geben vervielfacht die Wirkung der Reiki-Energie. Der Klient wird umgeben von einer

Blase aus reiner Lebenskraft. Die Behandlung kann von einem Reiki-Meister auch auf rein geistiger Ebene ausgeführt und sogar über weite Entfernungen geschickt werden.
Zu Beginn der Ausbildung in den Reiki-Meister-Grad wiederholt der Lehrer noch einmal den gesamten ersten und zweiten Reiki-Grad. Da die Schüler oft aus verschiedenen Reiki-Organisationen kommen und entsprechend unterschiedliche Ausbildungsseminare absolviert haben, ist es wichtig, nun alle Teilnehmer auf dasselbe Wissensniveau zu bringen. Es folgt die Einstimmung in das Meistersymbol. Das neue Symbol, Schriftzeichen und Mantra wird erklärt und geübt. Soweit der Einblick in diesen Seminarteil.

Der dritte Grad B: Der Reiki-Lehrer

Mit der Lehrerausbildung kann man Reiki-Seminare und -Vorträge abhalten. Man lernt die Rituale aller Einstimmungen des ersten, zweiten und dritten Grades. Sie werden gegenseitig ausprobiert und dann auf rein geistige Art angewandt. Art und Umfang der Ausbildung gestaltet jeder Reiki-Lehrer etwas anders. Von Vorteil ist es, wenn der neue Reiki-Meister oder -Lehrer eine Zeit lang als Assistent in Kursen mitarbeitet und dabei Teile des Seminars übernimmt.

Kapitel 9

Reiki und andere Therapiebausteine

Das Reiki-System harmoniert mit vielen anderen ganzheitlichen Therapien und kann diese sehr gut unterstützen. Oftmals wirken Therapien sogar viel intensiver, wenn sie mit Reiki kombiniert werden. Umgekehrt kann die Reiki-Kraft in Verbindung mit anderen Heilmethoden auch sehr verstärkt werden. Bei der Holistic-Chi-Methode kombiniere ich zum Beispiel die Energiebehandlung mit Lebensberatung und Tarot. Im Laufe einer therapeutischen Beratung lasse ich manchmal spontan den Klienten eine Tarotkarte ziehen, die seine momentane Lebenssituation spiegeln soll. Es ist immer wieder verblüffend, wie viel Information man daraus ziehen kann. Bei der anschließenden Energiebehandlung geht es dann darum, die erwünschte Veränderung der Situation einzuleiten und geschehen zu lassen.
Hier ein paar Beispiele für Therapien, die sich sehr gut mit Reiki verbinden lassen.

Lebensberatung

Der Mensch wird ab seiner frühesten Kindheit geprägt – erst durch sein Elternhaus, später zusätzlich durch die Schule. Diese Prägung veranlasst ihn oftmals, Wege einzuschlagen, die er von seinem inneren Bedürfnis her eigentlich gar nicht gehen möchte. Irgendwann resultieren daraus Schwierigkeiten, die er sich nicht erklären kann. In solchen Situationen kann es sehr hilfreich sein, bei einer Lebensberatung einmal ganz grundsätzlich seinen Standort zu bestimmen. Dabei erkennt man vielleicht, wie sehr man durch hindernde Lebensgrundsätze und Lebensmuster in seiner persönlichen Entwicklung gebremst oder aufgehalten wird. Leben ist Evolution, jeder Mensch bringt sein Bündel an Lebensaufgaben mit, an denen er zu reifen hat. Immer mehr Menschen werden sich dessen bewusst und sind bereit, sich mit diesen Zusammenhängen zu konfrontieren. Manchmal ist es sehr schmerzhaft, den Dingen ins Auge zu sehen. Trotzdem sollte man den Mut und die Kraft aufbringen, die anstehenden Themen anzupacken. Nur dann kann man authentisch und intuitiv aus seinem Innern heraus seine eigentliche Bestimmung erkennen und diesen Lebensweg beschreiten. Der Grundtrieb unserer Energie zielt darauf ab, vom Kummer zur Freude, vom Dunkel zum Licht, aus der Unwahrheit zur Wahrheit zu gelangen.

Tarot

Das Tarot ist ein Kartenspiel, das seit vielen Jahrhunderten dem Menschen hilft, sein Unbewusstes zu befragen. Es wird genutzt zur Selbstfindung, zur Vorausschau in die Zukunft, zur Klärung von Liebes- und Beziehungsdingen, zum Erkennen der eigenen Lebensvision oder einfach nur als Entscheidungshilfe in wichtigen Lebensfragen.

Ein erfahrener Tarot-Therapeut weiß um die Bedeutung der Intuition, wenn die Karten bei einer Beratung aufgedeckt werden. Er lässt die gelegten Bilder auf sich wirken, ohne den logischen Verstand zur Interpretation zu gebrauchen. Gleichzeitig versetzt er sich in einen meditativen Zustand, der ihn für »göttliche Eingebungen« öffnet. Die gleiche innere Haltung sollte auch der Klient einnehmen, um die Zusammenhänge zwischen den Karten und seinem Leben zu verstehen.

Die 78 Karten des Tarot entsprechen allen menschlichen Seinszuständen. Mystiker und Weise vermittelten ihre Einblicke in die Mysterien mithilfe dieser Bildersprache. Wenn wir uns kontemplativ in das Bild einer Tarotkarte vertiefen, können in unserem Bewusstsein zum betreffenden Thema Lösungsmöglichkeiten auftauchen – in Form von Gedanken oder Bildern. Das Tarot ist also bei richtiger Legung und Deutung ein ideales Selbsterfahrungsmedium.

Wenn Sie alleine in die Karten schauen wollen, sollten Sie sich eine angenehm entspannende Atmosphäre dafür kreieren. Legen Sie eine meditative Musik auf und zünden Sie eine Kerze an. Formulieren Sie nun als Erstes Ihre Frage, die allerdings so ausfallen sollte, dass sie nicht mit Ja oder Nein beantwortet werden kann. Dann mischen Sie die Karten, bilden einen Stoß und heben mit der linken Hand einen Stapel ab. Die Karte, die auf dem unteren Stapel liegt, decken Sie auf, dies ist die Karte zur Frage. Zur Erläuterung der Karte können Sie ein Tarotbuch zu Hilfe nehmen.
Falls Sie für eine weitere Klärung noch eine zweite Karte benötigen oder noch eine andere Frage stellen möchten, ziehen Sie einfach in der gleichen Art wie vorher noch eine Karte. Es wird immer leichter, Tarot zu verstehen, je öfter Sie mit den Karten spielen. Wenn Sie andere Spielarten des Tarot kennen lernen wollen: In den gängigen Tarotbüchern werden viele Möglichkeiten des Legens aufgezeigt.

Fußreflexzonenbehandlung

Die Fußreflexzonenbehandlung hat sich aus alten Heilbräuchen entwickelt. Überall auf der Welt wurde mit bestimmten Druckpunkten am ganzen Körper oder nur an den Füßen ge-

arbeitet. Viele alte Völker, wie die Indianerstämme Nordamerikas, die Inkas, die Chinesen oder die alten Römer, arbeiteten mit Fußbehandlungsmethoden. Auch in Deutschland fand man Beschreibungen schon aus der Zeit vor dem Mittelalter, die der Fußreflexzonenbehandlung ähneln.
Diese Therapie geht von der Erkenntnis aus, dass rund um den ganzen Fuß Reflexzonen sitzen, die über die Nervenbahnen mit den Zähnen, Knochen und allen Systemen und Organen des menschlichen Körpers in Verbindung stehen. Durch das Drücken und Massieren dieser Zonen kann man das gestörte Gleichgewicht in diesen Bereichen wieder in Ordnung bringen.

Der amerikanische Arzt Dr. med. William H. Fitzgerald, der Erfinder der heute weltweit verbreiteten Fußreflexzonentherapie, stellte 1913 seine Behandlungsmethode erstmals der amerikanischen Öffentlichkeit vor. Er arbeitete mit der Fußreflexzonenbehandlung an verschiedenen amerikanischen und europäischen Kliniken. In Deutschland machte vor allem Hanne Marquart die Reflexzonenarbeit populär.

Bei der abtastenden Untersuchung der Füße kann eine sich ankündigende Krankheit schon im Vorstadium erkannt und behandelt werden. Die Selbstheilungskräfte des Körpers werden durch das Stimulieren der Reflexzonen angeregt. Es wird ein heilender Impuls gesetzt, der direkt auf die jeweiligen Körperteile wirkt. Die Abwehrkräfte werden durch die Fußreflexzonenbehandlung gestärkt. Bei regelmäßiger Anwendung hat sie eine große vorbeugende Kraft. Die Arbeit mit den Fußreflexzonen steht oft im Einklang mit anderen Therapieformen. In meiner Praxis ergänze ich bei vielen Klienten die wunderbare Kraft des Reiki mit der Fußreflexzonenbehandlung. Eine halbstündige Fußmassage und eine sich anschließende Reiki-

Behandlung sind eine köstliche Kombination, weil sich dabei eine eher »handfeste« Massagetechnik optimal mit einer feinstofflichen Energiearbeit verbindet.

Heilung mit Edelsteinen und Kristallen

In vielen alten Kulturen und in fast allen Phasen der Menschheitsgeschichte wurde die Kraft von Steinen und Kristallen genutzt und das Tragen von Amuletten und Talismanen war Teil der medizinischen Versorgung. Je nach Beschwerdebild trug man einen bestimmten Stein für die körperliche, seelische und geistige Gesundheit.

Steine, die man zur Heilung nutzt, sollten gut ausgesucht und gereinigt werden. Zum Reinigen von Steinen gibt es verschiedene Methoden: das Sonnenlicht, das Mondlicht, Meersalz und stehendes oder fließendes Wasser. Jeder Stein braucht seine individuelle Behandlung.

Manchmal ziehen uns bestimmte Steine regelrecht in ihren Bann. Das sollten wir als gutes Zeichen werten und uns für diese Steine entscheiden. Die Edelsteine, die uns gut tun, können wir als Schmuck tragen, als Handschmeichler in die Hosentasche stecken oder auf den Körper auflegen. Die Edelsteintherapie benutzt das Chakra-System, um durch diese »Tore der Kraft« in alle Seinsebenen zu wirken. Die Heilsteine werden auf die Chakren gelegt und sollen dort etwa zwanzig Minuten lang wirken.

Für Kristallarzneien gibt man gereinigte Kristalle oder Steine in ein zur Hälfte mit Wasser gefülltes Kristallglas, stellt es für etwa drei Stunden in die Sonne und füllt dieses Elixier in sterilisierte Pipettenfläschchen. Mehrmals am Tag kann man sich nun ein paar Tropfen unter die Zunge geben.

Die Kraft des Reiki und die Heilkraft der Steine lassen sich sehr effektiv miteinander verbinden, indem man während einer Reiki-Behandlung jedem Chakra einen Heilstein zuordnet.

Heilsteine für das Chakra-System

Erstes Chakra – Wurzelchakra – Blutstein

Der Blutstein hat die Aufgabe, den physischen Körper zu reinigen und zu energetisieren. Er reinigt alle Organe, die das Blut entschlacken. Leber, Niere und Milz werden so entgiftet. Die Energie kann wieder frei fließen, alte und neue Ideen können jetzt umgesetzt werden.

Zweites Chakra – Sitz der Kreativität – Karneol

Der Karneol steht für die Wurzeln des Lebens. Er erdet die Energien und hilft gleichzeitig, sie auf physischer Ebene sichtbar zu machen. Die Kreativität kann sich entfalten, Pläne werden verwirklicht. Der Karneol unterstützt die Konzentration auf den gegenwärtigen Augenblick. Damit können die im Moment anstehenden Aufgaben mit der größtmöglichen Produktivität ausgeführt werden.

Drittes Chakra – Sonnengeflecht – Citrin

Das Sonnengeflecht ist das Power- oder Machtchakra. Alles, was mit dem Thema Macht zu tun hat, ob im positiven oder negativen Sinn, hat hier seinen Platz. Der Citrin unterstützt uns in dem Bemühen, an unsere innere Kraft zu gelangen, uns in der Welt zu behaupten und trotzdem nicht den Machtspielen unserer Mitmenschen anheim zu fallen.

Viertes Chakra – Herz – Rosenquarz

Der Rosenquarz ist ideal für das Herzchakra. Seine Energie und Farbe heilen alte Verletzungen des Herzens. Der Stein wirkt tröstlich und gibt inneren Frieden. Man kann den Rosenquarz Tag und Nacht an einer Kette über dem Herzen tragen. Wenn dabei Bilder aus vergangenen Tagen aufsteigen, die man nur schwer verkraften kann, sollte man einen Therapeuten aufsuchen, der dabei hilft, die Geschehnisse zu verstehen.

Fünftes Chakra – Kehle – Lapislazuli

Der Lapislazuli gibt uns die Kraft, nach außen zu kommunizieren. Wir können unsere Stimme erheben und zu unserer eigenen Wahrheit stehen. Dabei können Erinnerungen aus alten Tagen auftauchen, voller emotionaler Verletzungen. Diese gilt es, anzunehmen und aufzulösen.

Sechstes Chakra – Drittes Auge – Amethyst

Der Amethyst eignet sich wunderbar für Entspannung und Meditation. Auf das Dritte Auge gelegt, beruhigt er Gedankenprozesse, sodass man Stille erfahren kann. Dadurch können die »göttlichen« Eingebungen leichter in das Bewusstsein einfließen. Unser höheres Selbst spricht durch unsere Intuition zu uns. Der Verstand erkennt, dass es eine Wahrheit außerhalb seiner Auffassungsgrenze gibt. Der Amethyst lehrt uns, vertrauensvoll mit dieser Wahrheit unseren Lebensweg zu gehen.

Siebtes Chakra – Kronenchakra – Bergkristall

Der Bergkristall lässt uns mit der kosmischen Harmonie in Einklang kommen. Das klare Licht des Bergkristalls versetzt unsere Aura in eine so hohe Schwingung, dass noch zu bewältigende Verhaltensmuster aus der Vergangenheit losgelassen und aufgelöst werden. Wir können die eigentlich immer da gewesene Einheit mit dem göttlichen Sein verstehen und spüren. Wir erkennen die Unsterblichkeit unserer Seele.

Homöopathie

Der Grundgedanke der Homöopathie ist das Prinzip »Ähnliches heilt Ähnliches«. Insektenstiche zum Beispiel werden mit einer Zubereitung aus der Honigbiene geheilt. Bei Gesunden kann dieses Heilmittel genau die Symptome hervorrufen wie bei jemandem, der von einer Biene gestochen wurde.
Pflanzliche, tierische und mineralische Auszüge sind die Substanzen, aus denen die homöopathischen Arzneimittel hergestellt werden. Um unerwünschte Nebenwirkungen zu vermeiden, verdünnt man sie in verschiedene Grade. Je verdünnter sie sind, desto stärker wirken sie. Die Darreichungsformen sind Tabletten, Pillen, Pulver und Streukügelchen auf Milchzuckerbasis.
Reiki und Homöopathie unterstützen sich gegenseitig sehr gut. Wenn Sie sich von einem Homöopathen ein Konstitutionsmittel verschreiben lassen, kann die Reiki-Kraft von der energetischen Seite ganz leicht und ohne große Widerstände auf der Körper-Geist-Seele-Ebene arbeiten und wirken. Sie können auch die homöopathischen Medikamente zwischen beide Hände nehmen und mit Reiki energetisieren. Dies wird ihre Wirkungskraft noch erhöhen.

Die Homöopathie teilt die Menschen in so genannte »Konstitutionstypen« ein. Ein Mensch wird je nach seiner Konstitution, seiner angeborenen und erworbenen körperlichen, geistig-seelischen und intellektuellen Verfassung in bestimmte Typengruppen eingeteilt. Für jeden Typus wird das geeignete Konstitutionsmittel ausgesucht. Es wirkt vorbeugend und heilend. Zusätzlich wird noch ein krankheitsspezifisches Mittel zur Wiederherstellung der Gesundheit gegeben.

Aromatherapie

Die Welt der Düfte und ihre Wirkung auf unser Körper-Geist-Seele-System ist altbekannt. Die Aromatherapie ist die ganzheitliche Behandlung von Beschwerden und Krankheiten mithilfe der ätherischen Öle.

Durch viele Geschichtsepochen ist uns der Umgang mit ätherischen Ölen von Priestern und Priesterinnen, Ärzten und Philosophen, weisen Frauen und Männern, Mönchen und Nonnen bis hin zu Chemikern und Wissenschaftlern der heutigen Zeit überliefert worden. In alter Zeit war es Brauch, die Götter mit duftenden Rauchopfern aus Pflanzen und Hölzern friedlich zu stimmen.

Im alten Ägypten wurden schon die hohe Kunst des Einbalsamierens der Toten mit konservierenden Aroma-Ölen und das Haltbarmachen von Speisen unter Anwendung von duftenden Gewürzen angewandt und gelehrt.

In China, Persien und Indien kannte man schon vor tausenden von Jahren das Geheimnis der Destillation. Die ätherischen Öle wurden zum Heilen und für die Schönheitspflege verwendet.

Bei den alten Römern entwickelte die Aromatherapie neue Triebe und jede Menge Blüten. Wie bei keinem anderen Volk wurde gesalbt, geölt und duftgebadet und es gab Parfüms für alle Lebenslagen.

Heute wird die Aromatherapie bei Massagen und in Therapiezentren, aber auch in Krankenhäusern eingesetzt. Die Wirkungen der ätherischen Öle sind deshalb so weitreichend, weil sie die Kraft und Energie der Pflanzen in konzentrierter Form enthalten. Die ätherischen Öle sind die Seelen der Pflanzen. In der Anwendung wirken sie einmal über den Geruchssinn auf das Gehirn und andererseits über die Schleimhäute und die Haut auf den Körper. Je nach Vorliebe können die ätherischen Substanzen bei Massage oder Inhalation, bei Spülungen,

Kompressen, Sitzdampfbädern, beim Gurgeln oder einfach in der Duftlampe genutzt werden.
Ich nutze vor allem bei Reiki-Einzelsitzungen die wunderbar entspannende Wirkung der ätherischen Öle in der Duftlampe. Wenn Sie den ersten Reiki-Grad-Kurs absolviert haben, können Sie vor der Eigenbehandlung ein ätherisches Öl in die Stellen einmassieren, auf die Sie sich konzentrieren möchten.

Aura-Soma-Therapie

Die Aura-Soma-Therapie ist eine relativ neue Therapieform. Sie ist ein gutes Beispiel für einen Trend der heutigen Zeit, verschiedene Therapiebausteine zu verbinden. Aura-Soma ist eine Kombination aus Farb-, Aroma- und Edelsteintherapie. Sie setzt im feinstofflichen Bereich an und wirkt beim Menschen auf einer ganz tiefen Ebene. Auch im körperlichen Bereich sind die Effekte deutlich spürbar.
Die Aura-Soma-Therapie arbeitet mit vier verschiedenen Substanzen. Das Zusammenwirken von Farben, wunderbar duftenden ätherischen Ölen und Edelsteinenergien gibt diesen Substanzen eine intensive Schwingung, die auf alle Seinsebenen wirkt.

- Es gibt etwa hundert »Balance«-Öle. Diese Öle bestehen aus zwei Komponenten – einer wässerigen Schicht und einer darauf schwimmenden öligen Schicht. Die beiden Schichten bestehen meistens aus zwei verschiedenen Farben. Die Öle sind in rechteckige, klare Glasflaschen abgefüllt. Für die therapeutische Funktion werden die beiden Farben miteinander verschüttelt und dann auf die Haut aufgetragen.
- Mit zur Aura-Soma-Therapie gehören vierzehn »Pomander«. Diese Substanzen haben für den Menschen vor allem eine schützende Funktion. Sie werden in einem äußeren Ritual in die Aura gegeben.
- Die dritte Substanz sind die vierzehn »Quintessenzen«. Sie

haben die Funktion, den Menschen zu öffnen und sensitiver zu machen. Auch die Quintessenzen werden in Form eines Rituals in die Aura gegeben.
- Die vierte Substanzart besteht aus vierzehn »Tinkturen«, die in Wasser oder pur mit einer Pipette eingenommen werden. Während alle anderen Substanzen von außen nach innen wirken, geschieht die Wirkung der Tinkturen von innen nach außen.

Auch die Aura-Soma-Therapie kann in die Reiki-Therapie mit einfließen. Die Wirkung der Aura-Soma-Substanzen wird mit der Reiki-Kraft vervielfacht.

Heilung mit Musik und Naturklängen

Bei meinen Reiki-Einzelsitzungen und Ausbildungsseminaren verwende ich gerne die heilende Kraft der Musik und der Naturklänge. In der zusätzlichen Verbindung mit ätherischen Ölen kann sich der Klient voll der Entspannung hingeben. Richtig gewählte Musik bringt im Zuhörer immer etwas zum Klingen. Manche Klienten berichten mir nach den Reiki-Sitzungen, wie sie mithilfe der Klänge innere Bilder entwickeln konnten. Auch die Klänge der Natur bereichern unsere Seele. Wie wohl fühlen wir uns, wenn wir an einem warmen Sommertag an einem plätschernden Bach sitzen, die Augen schließen und uns geraume Zeit der Meditation hingeben!

Körpertherapien

Für Körpertherapeuten ist es äußerst hilfreich, sich mit der Reiki-Kraft zu verbinden. So kann sich der Therapeut während seiner Sitzungen mit Reiki frisch halten und somit sehr gut etwaigen Ermüdungserscheinungen vorbeugen. Bei jeder Behandlung, in die Reiki mit einfließt, unterstützt die Energie immer den Behandler und den Behandelten.

Ich möchte Ihnen jetzt einige Körpertherapien kurz vorstellen. Jeder Reiki-Praktiker kann nach dem Erlernen der einen oder anderen Körpertherapie diese mit der Reiki-Kraft kombinieren. Die Adressen entsprechend arbeitender Therapeuten finden Sie im Branchentelefonbuch.

Bioenergetik – Entdeckung der Seele durch den Körper

Bioenergetik befasst sich mit der Bedeutung energetischer Prozesse bei der Entstehung und Heilung seelischer Störungen. Die Bioenergetik-Therapie ist für alle Menschen geeignet, bei denen sich seelische Probleme in starken körperlichen Blockaden manifestiert haben. Mit dieser Methode kann man es schaffen, über bestimmte Muskeln und Körperpartien an intensive und lange unterdrückte Gefühle heranzukommen und sie endlich zu befreien. Negative Kindheitserfahrungen und Lebenstraumen können hier aufgearbeitet werden.

Hakomi – ein Weg zur inneren Achtsamkeit

Hakomi bedeutet in der Hopi-Indianersprache: »Wer bist Du?« Die Hakomi-Methode stärkt eine Instanz im Menschen, die man den »Beobachter« nennt. Die geistige Einstellung, alte Überzeugungen und die inneren und äußeren Werte werden überprüft. Hakomi lehrt den Menschen, alle Dinge des Lebens bewusst wahrzunehmen, ohne unnötig Kraft durch das Be- und Verurteilen zu verlieren. Hakomi ist eine sehr sanfte und behutsame Methode, sie wurde von dem New Yorker Ron Kurtz entwickelt.

Feldenkrais – Bewusstsein durch Bewegung

Die Feldenkrais-Methode wurde nach ihrem Begründer Moshe Feldenkrais benannt. Erklärtes Ziel ist es, sich durch ein Mehr an Bewusstsein freier zu bewegen.
Die Feldenkrais-Methode ist in zwei Teile unterteilt. Die »Funktionale Integration« benennt den Teil der Methode, in dem der Feldenkrais-Lehrer mit dem einzelnen Klienten an dessen individuellen Problemen und Bedürfnissen arbeitet. Der zweite Teil der Feldenkrais-Arbeit besteht aus Gruppenarbeit und wird »Bewusstheit durch Bewegung« genannt. Hier lernen die Teilnehmer durch bestimmte Körperübungen, wie man sich spielerisch und mit Spaß bewegen kann. Damit können alte Haltungsmuster, auch im psychischen Bereich, aufgelöst werden.

Tai Chi Chuan – Meditation in Bewegung

Das aus dem chinesischen Taoismus stammende Tai Chi Chuan ist eine Mischung aus Meditation, Körpertherapie und Kampfsport. Diese Körperübungen einer jahrtausendealten Tradition wurden seit jeher auch zur gesundheitlichen Vorsorge eingesetzt. Die Bewegungen sind langsam, sanft und fließend, sie gehen ineinander über. Der Geist des Menschen lenkt die Lebensenergie, die mit dem Atem verbunden ist, und der Fluss der Energie lenkt die Bewegung. Allein das Anschauen einer übenden Gruppe wirkt beruhigend, als würde dieses Ballett das Fließen des Lebensflusses verdeutlichen. Das Ziel dieser meditativen Praktiken ist es, die energetische Mitte aufzuladen. Aus diesem etwa zwei Fingerbreit unter dem Nabel liegenden Energiezentrum sollen alle Bewegungen kommen. In China, wo Tai Chi Chuan als Volkssport praktiziert wird, sind die vielen, bei bester Gesundheit alt gewordenen Menschen der beste Beweis dafür, wie gut diese Übungen tun.

Kapitel 10

Die Bedeutung von Reiki für den Einzelnen in der Gesellschaft

Das Individuum in einer sich verändernden Gesellschaft

Wie im Leben eines Menschen, so gibt es auch in Kulturen immer wieder Zeiten, in denen Krisen auftreten und Veränderungen nötig werden. Nahe der Jahrtausendwende machen uns die ökologischen und gesellschaftlichen Probleme unserer Zeit darauf aufmerksam, dass es in fast allen Lebensbereichen »fünf vor zwölf« ist. Dies betrifft auch jeden Einzelnen: Viele Menschen haben Ängste und Sorgen und suchen nach neuen Wegen, um ihre ganz persönlichen Probleme zu lösen.

Auch in meine Praxis kommen viele Menschen, um sich beraten zu lassen. Manchmal brauchen sie nur eine Erklärung der größeren Zusammenhänge, um ihre Lebenssituation besser einordnen und verstehen zu können. Oft genügt schon ein kleiner Tipp und sie sind in der Lage, aus einer neuen Sicht der Dinge heraus ganz anders zu agieren und zu reagieren.

Reiki, die universelle Lebenskraft, ist dabei eine große Hilfe, denn sie wirkt immer evolutionär. Das heißt: Reiki setzt im Kleinen wie im Großen Heilimpulse, die alles zum Besseren bewegen. Im Kleinen geschieht dies zum Beispiel bei einer Einzelsitzung über die Chakren, im Großen durch die Menschen, die mit der Reiki-Kraft arbeiten. Sie können durch ihr Handeln positiv an der Weiterentwicklung des Lebens in allen Bereichen arbeiten. So unterstützt die Reiki-Kraft die Menschen, die sie nutzen, indem sie ihnen hilft, sich für neue Ideen und Visionen zu öffnen und diese auch in neuen Lebensformen umzusetzen.

Nach meinen Erfahrungen aus vielen therapeutischen Gesprächen weiß ich heute: Wenn den Menschen schon in jungen Jahren die wichtigen Zusammenhänge des Lebens erklärt würden, müssten sie diese nicht später beim Therapeuten »nachlernen«.
Gegenstand einer solchen »Lebensschulung« könnte zum Beispiel der spielerische Umgang mit Entspannung und Meditation sein. Damit wären schon junge Menschen in der Lage, immer aus einer inneren Ruhe heraus zu handeln. Meditation kann auch helfen, die Intuition zu schulen, die von uns westlich geprägten Menschen so häufig vernachlässigt wird. Dabei ist es so wichtig, einfach mal »die Seele baumeln zu lassen«. Denn nur dann können wir auch unser Innerstes spüren – und nur wer es gewohnt ist, seine innere Stimme zu vernehmen und aus seiner Mitte zu handeln, kann auch in entscheidenden Situationen auf seine Intuition vertrauen und damit ganz anders an seine Lebensaufgaben herangehen.
Auch Kreativitätstraining und die Orientierung an vorbildhaften Menschen können helfen, in schwierigen Zeiten das eigene Leben nach positiven Mustern selbst zu gestalten. Ganz wichtig für das Erlernen einer positiven Lebenseinstellung ist Humor, denn wer das Lachen vergisst, hat viel vom Leben vergessen!

Visionen – erste Schritte auf neuen Wegen

Auf gesellschaftlicher Ebene gibt es viele Probleme, die zunächst unlösbar erscheinen: In einer Zeit dünner werdender sozialer Netze, in der Arbeitsplatzsorgen und soziale Kälte um sich greifen, schafft es zum Beispiel die typische Kleinfamilie kaum noch, die immer größere Zahl alter und kranker Menschen aufzufangen oder sich intensiv um die Kinder zu kümmern. Eine Lösung könnten neue Formen des Zusammenlebens und -arbeitens darstellen.

Meiner Meinung nach findet das optimale Zusammenleben in einer Art dörflicher Gemeinschaft statt, in der alle nach ihren Bedürfnissen leben können, aber auch füreinander da sind. Kinder fänden in solch einer Gemeinschaft ebenso einen sozialen Rückhalt wie die Alten und Kranken, die in einem lebendigen Miteinander von jung und alt integriert wären. Diese Formen der Lebensgestaltung könnten sicher auch der Berufswelt neue Impulse bringen.

Solche Visionen zeigen, dass es immer Wege geben kann, gesellschaftliche ebenso wie persönliche Probleme mit oft überraschend einfachen, kleinen Schritten anzupacken und zu lösen. Schließlich beginnt die Veränderung mit einer Idee und jeder Weg mit einem ersten Schritt! Damit sich eine Gesellschaft zu neuen Ufern aufmachen, von innen heraus wandeln kann, muss sich zuerst der Einzelne, das Individuum verändern. Sicher stimmt es, dass der einzelne Mensch die Welt nicht zu ändern vermag. Aber es ist auch richtig, dass der Mensch einiges bewegt, wenn er mit der Veränderung bei sich selbst beginnt. Es gibt viele Auslöser, die einen Menschen dazu bringen, bewusster zu leben und an seiner persönlichen Weiterentwicklung zu arbeiten. Manchmal sind es Schicksalsschläge, manchmal sind es Krankheiten oder gesellschaftliche Erfordernisse, die ein Umdenken einleiten. Manchmal ist es aber auch nur der Wunsch, in einer komplizierter gewordenen Welt mehr im Einklang mit sich selbst zu leben. Was immer uns dazu bewegen mag, mehr nach innen zu schauen – Reiki ist ein wunderbarer Begleiter für alle Menschen, die sich auf den Weg zu sich selbst machen.

Die Reiki Foundation e. V.

Die *Reiki Foundation e.V.* hat die Intention, die Reiki-Energie-Medizin in Krankenhäuser und Kliniken zu bringen. Sie hat ihre Arbeit in den drei Großstädten München, Berlin und Hamburg aufgenommen. Dort, wo wir schon arbeiten, sind die Patienten begeistert. Für nähere Informationen können Sie isch an folgende Adresse wenden:
Neo Holistic Institut, Germaniastr. 10, 80802 München,
Tel.: 0 89-33 89 33

Terra Humanica Reiki – Hilfe über alle Grenzen

»Reiki beschenkt uns in unserem Leben mit so viel Fülle. Diese Fülle wollen wir mit Menschen teilen«, so Christel Seligmann, 1. Vorsitzende von *Terra Humanica Reiki e. V.* (THR), Autorin von *Reiki mit Tieren* und Vorstandsmitglied im Dachverband Geistiges Heilen. Die 1992 ins Leben gerufene Organisation wirkt in den Not- und Kriesengebieten der Erde, aber auch »vor der Haustür«. Ganz bewusst will *Terra Humanica Reiki e. V.* Hilfe leisten. Vor allem nach der Katastrophe in Tschernobyl engagierte sich Terra Humanica Reiki sehr stark, indem die Organisation mehrmals vor Ort die Opfer behandelte und die Ärzte in Reiki schulte. Neben starkem Engagement in Weißrussland, Nigeria und Jugoslawien sind vor allem die kontinuierliche Förderung von Reiki-Ausbildungen und neue Patenschaften ein fester Bestandteil des Programms.
Hayo-Husseken-Str. 10, 26954 Nordenham,
Tel.: 0 47 31-2 25 54

Das Reiki Magazin

Es ist das deutschsprachige Print- und Internetmedium für alle Reiki-Freunde und -Interessierte. Das Reiki Magazin erscheint seit 1997 quartalsweise. Der Herausgeber und Chefredakteur, Jürgen Kindler, freut sich über jeden, der mitschreiben möchte. Weitere Informationen, Abonnements oder Probeheft können Sie unter Tel. 07 00-23 32 33 23, Website www.reiki-magazin.de, anfordern.

Das große Reiki-Festival in Gersfeld,

In langjähriger Tradition (seit 1993) findet jährliche im Herbst Das größte Reiki-Treffen in Deutschland statt. Reikianer treffen sich dort zu einem großen Fest, um neue Kontakte zu knüpfen, Freunden zu begegnen und Kraft zu schöpfen. Informationen und Anmeldung können Sie erhalten bei:
Monika Atanasov, Beerentalweg 154, 21077 Hamburg,
Tel.: 0 40-76 11 14 61, E-Mail: elemon.train@t-online.de.

Größtes weltweits Reiki-Treffen in den USA

Das berühmte Reiki-Treffen in den USA findet einmal jährlich in Breitenbush Hot Springs (Detroit, Oregon) statt; im Jahr 2001 vom 10. bis 12. August. Das Breitenbush-Treffen gilt als die »Wiege aller Reiki-Treffen«. Die Teilnehmer haben die Möglichkeit, mit Reiki zu relaxen, die heißen Quellen zu genießen, die wunderbare Bergwelt zu erleben und in Gemeinschaft mit anderen Reiki-Therapeuten zu sein. Info und Anmeldung:
Dot Patterson/Rosemary Neff,
Tel.: 0 01-4 25-8 83 40 25, E-Mail: rosemarydot@earthlink.net.

Reiki in der Hospizbewegung in den USA

Ein weiterer Fall, der in Reiki Energie-Medizin beschrieben wird, ist das Concord Regional VNA-Hospice House, das erste Hospiz, das in New Hampshire entstand. Bevor doe ersten

Bewohner in das Hospiz einzogen, führten Libby Barnett und Maggie Chambers für die Mitarbeiter und Helfer einen Reiki-Kurs durch, um sie bei der Arbeit zu unterstützen und ihnen Kraft zu geben. Reiki entspricht der Intension der Hospizarbeiter, den Klienten ein Gefühl der Geborgenheit, der Sicherheit und des Vertrauens zu vermitteln, so dass sie während des Sterbeprozesses ihre menschliche Entwicklung zum Abschluss bringen können. Die universelle Lebensenergie ermöglicht ihnen einen sanften Übergang aus dem Leben in den Tod, und die Pfleger können durch sie ihr Mitgefühl und ihre Bereitschaft, den Sterbenden anzunehmen, zum Ausdruck bringen. Ein Hospizmitarbeiter sagte: »Durch Reiki fühle ich mich meiner Aufgabe besser gewchsen.«

Reiki in Nigeria

Ursula Klinger-Omenka und ihr Mann Ikechukwu Omenka verwirklichten ihre Idee von einer Reiki-Klinik in Afrika. Im Oktober 1995 half Terra Humanica Reiki bei der Gründung der Organisation Förderung internationaler Begegnung – Reiki-Nigeria e. V. (Langgasse 2, D-88149 Nonnenhorn bei Lindau) und beginnt, das Projekt »Reiki-Klinik Nigeria« finanziell zu unterstützen. Am 11. Juni 1999 wurde die Reiki-Klinik in Nigeria eingeweiht.
Nachdem beide Nigeria mehrmals besucht und der Familie Ikechukwas Reiki nahe gebracht hatten, wollte Chris, Ikechukwas Bruder, den I. Grad erlernen. Auch viele andere Menschen interessierten sich für die Energie-Medizin. Und so wurde 1993 ein erster Informationsabend mit anschließendem Kurs organisiert. 1995 begann der Bau der Klinik, der von Chris und einem weiteren Bruder, Martin, überwacht wurde. Seit der Eröffnung werden in der Klinik neben Reiki auch Seminare und Vorträge in anderen Bereichen, z. B. Yoga und Meditation, Edelstein-Farbtherapie oder bewusster Ernährung, abgehalten.

Ausbildungskurse in der tibetischen Energie-Medizin

Die tibetische Energie-Medizin: REIKI – universale Lebenskraft

Die Reiki -nergie-Medizin wurde vor einigen Jahrhunderten in den Klöstern Tibets von den Medizin-Lamas entwickelt. Sie war ein fester Bestandteil des Medizin-Rades des tibetischen Gesundheitswesens. Der Urgedanke der buddhistischen Mönche war, den einfachen Menschen ihres Landes, dem zerklüfteten Hochland Tibet, ein Instrument der Heilung in die Hand zu geben, das einfach und schnell zu erlernen ist. In der Mitte des 19. Jahrhunderts stieß der Japaner Dr. Mikao Usui bei seinen Recherchen zur Energieheilung auf diese alte Methode. Er meditierte lange darüber, wie das Wissen in einer auch für uns verständlichen Form zur Anwendung gebracht werden könnte. Er entwarf das komplette Behandlungs- und Ausbildungssystem, das auch heute noch in dieser Art und Weise gelehrt wird.

Der erste Reiki-Grad

Im Reiki-Grundkurs erlernen wir die Wirkungsweise der Energieübertragung mithilfe der Hände, rund um das Chakren-System. Auch die Energieerhöhung für Speisen und Getränke, vor allem die Levitation der Wassermoleküle, der Mensch besteht zu hoher Prozentzahl aus Wasser, sowie die Anwendung für Tiere und Pflanzen sind Teil der Ausbildung. Mit dem ersten Reiki-Grad erwirbt man sich ein gutes Rüstzeug gegen viele Alltagsbeschwerden, das man mit etwas Übung sofort in der eigenen Familie und im Freundeskreis anwenden kann.

In einem Einführungsseminar zu Reiki bekommt man folgendes Weitere vermittelt:

- *Einstimmungsrituale: Hier wird der Energiekanal geöffnet.*
- *Die Eigenbehandlung: Die grundlegenden Positionen an Kopf, Vorder- und Rückenseite sowie entlang der Gliedmaßen werden hier erlernt. Die Kraft der eignen Hände wird erprobt.*
- *Die Partnerbehandlung: Ich gebe eine Reiki-Einzelsitzung für Freunde, Kinder, den Partner oder als Therapeut in eigener Praxis.*
- *Die Reiki-Positionen und ihre Wirkung: Welche Positionen mit welchen Chakren, Organen, Körperteilen, Krankheiten, psychischen Problemen oder Mobbing am Arbeitsplatz, Krisen etc. als Aufgaben und Lebensthemen korrespondieren, wird hier generell erklärt.*

Nach erfolgreichem Abschluss des Kurses erhält jeder Teilnehmer eine Urkunde als Zertifikat.

Der zweite Reiki-Grad

Mithilfe von Kraftsymbolen, Mandalas und energetisch hochwirksamen Wortsilben, Mantras, können wir für unsere Gesundheit und Bewusstseinserweiterung einiges tun. Ebenfalls die Wohlfühlsituation, das *feng shui*, in den eigenen vier Wänden, auf Reisen oder an Orten, wo man sich nicht gut beieinander fühlt, sofort verbessern, die Lebensqualität heben.

Im II.-Grad-Reiki-Seminar steht Folgendes auf dem Programm:

- *Die Energiereinigung von Räumen.*
- *Schutzfunktion auf Reisen.*
- *Die Affirmationsbox, Ziele und Vorhaben lassen sich mit den Symbolen und Mantras unterstützen.*

- *Die Reiki-Fernbehandlung, das Senden von Energie an Menschen oder in Krisengebiete.*
- *Reiki-Energiedepots für die Zukunft anlegen, bei Prüfungen, Operationen, Vorstellungsgesprächen, Auftritten vor Publikum.*

Nach erfolgreichem Abschluss des Kurses erhält jeder Teilnehmer eine Urkunde als Zertifikat.

Der dritte Reiki-Grad

Der III. Grad ist der so genannte Meister- und Lehrergrad. Er befähigt, als Reiki-Meister und Lehrer alle Reiki-Seminare abzuhalten. Die Meistereinstimmung beendet das »Schülerdasein« und ist gleichzeitig der Einstieg in den Reiki-Meisterweg. Mit der Meistereinstimmung wird das bewusste Sein gereinigt und energetisiert, das Ego tritt zurück und der Mensch wird zum Werkzeug der göttlichen Existenz. Voraussetzung für die Ausbildung als Reiki-Meister ist die aktive Transformation der Lebensthemen. Nach erfolgreichem Abschluss des Kurses erhält jeder Teilnehmer eine Urkunde als Zertifikat.

Alle Ausbildungsseminare finden in regelmäßigen Wochenendkursen im Neo Holistic Institut – München und anderen Großstädten statt.

Anschrift – Info – Anmeldung

Neo Holistic Institut
Zentrum für Gesundheit und Bewusstsein
Germaniastr. 10
80802 München
Tel. 0 89-33 89 33 · Fax 0 89-68 00 25 44
Internet: Neo-Holistic-Institut.de
E-Mail: SatyamKathrein@hotmail.com

Allegria

Vom alltäglichen Umgang mit der Erleuchtung

SATYAM S. KATHREIN
Leben wie ein Buddha
Vom alltäglichen Umgang mit dem Erleuchtungsweg
Gebunden mit Schutzumschlag
304 Seiten, mit Meditations-CD
13,5 x 21,5 cm
€ [D] 24,– / € [A] 24,70 / sFr 42,–
ISBN-13: 978-3-7934-2008-8
ISBN-10: 3-7934-2008-6

SATYAM S. KATHREIN
Erlösung der Lebensthemen
Der Schlüssel zu Liebe, Gesundheit, Berufung und Glück
384 Seiten
€ [D] 8,95 / € [A] 9,20 / sFr 16,50
ISBN-13: 978-3-548-74190-1
ISBN-10: 3-548-74190-8

ULLSTEIN